go! games

SUPER
COLOSSAL
· Book of ·
SUDOKU

365 GREAT PUZZLES

Frank Coussement & Peter De Schepper

imagine!

1 0 9 8 7 6 5

An Imagine Book
Published by Charlesbridge
85 Main Street
Watertown, MA 02472
617-926-0329
www.charlesbridge.com

BrainSnack® Sudoku Puzzles © 2013 Frank Coussement and Peter De Schepper
Cover and interior design by Melissa Gerber.

Printed in the United States of America

ISBN 978-1-62354-001-2

For information about custom editions, special sales, premium and corporate purchases, please contact Charlesbridge Publishing, Inc. at specialsales@charlesbridge.com

INTRODUCTION

HOW DOES ONE PLAY SUDOKU?

Fill in the grid so that each row, each column and each 3 x 3 frame contains every number from 1 to 9.

HOW DOES ONE SOLVE A SUDOKU?

To solve a Sudoku you don't need any mathematical insight - logic is fine. There are four strategies that allow you to solve every Sudoku in this book - from beginner to expert.

1. EXCLUDING

Which number belongs in box A? We can exclude 1, 4 and 9 because they already appear in the frame that A is in. We can also exclude 7 and 8 because they appear in the row that A is in. And 3, 5 and 6 appear in the column that space A is in. So box A can only contain the number 2. Following the same logic box B can only contain the number 5. Box C and D can contain a 4 or a 5. But because we just placed number 5 in box B, box C= 4 and D= 5.

	7		**A**	4			9	8
	3			9				5
				1				3
3	1		5			9		
			1					
	4	8	3	6	9	2	**B**	1
9	5	7	4	3	2	8	1	6
			9	5	1	3	7	2
1	2	3	6	8	7	**D**	**C**	9

2. SITUATING

'Excluding' involves finding a box where only one number is possible. We're looking for every number that can be used in a box (the candidates) and for a unique candidate in a row, column or frame. The first box, upper left corner, can only contain a 5 or a 6 because the other numbers already appear in the frame, row and column. We call 5 and 6 the candidates for this box. For the first row we've filled in all the candidates for every empty box. In box A we see that there is a unique candidate for this row. The number 3 doesn't appear among the other candidates. In other words, box A must contain the number 3. You can apply this strategy to all the other boxes. In this way we discover that box B must also contain a 3.

56	7	156	2	4	356 **A**	16	9	8
	3			9				5
				1				3
3	1		5			9	68	47
			1			467	368 **B**	47
	4	8	3	6	9	2	5	1
9	5	7	4	3	2	8	1	6
			9	5	1	3	7	2
1	2	3	6	8	7	5	4	9

3. SECURING

This strategy looks at certain patterns in the candidates. Even if the same ones appear in different boxes, we can use that logic to secure another box. In this situation you can only solve box D using Situating. But you can't solve the upper right frame with Excluding or with Situating. We see that box B and C both have the same candidates (2 and 6). In other words if B is 6 then C is equal to 2 or the other way around. This means that the boxes that are in the extension of B and C (box D) or those that are in the frame of boxes B and C (A, E and F) can't contain a 2 or a 6. So box D becomes an 8 and box A becomes a 1.

	7		2	4	3	16 **A**	9	8
	3			9		1467 **E**	26 **B**	5
				1		467 **F**	26 **C**	3
3	1		5			9	68 **D**	
				1			3	
	4	8	3	6	9	2	5	1
9	5	7	4	3	2	8	1	6
			9	5	1	3	7	2
1	2	3	6	8	7	5	4	9

4. FRAME SECURING

You'll be able to solve most Sudokus with Excluding, Situating and Securing. But for the most difficult puzzles you need an extra strategy. At first glance, you seem completely stuck here. We've filled in all the candidates but with the three strategies above we cannot solve this puzzle. If we look at the third row we see that the numbers 12467 are still missing. We also see that in row three, candidate 4 only appears in the first frame (in box 3A and 3C). So we are certain that the 4 in the first frame must be in one of those two boxes. This means that the other boxes that are in the first frame can't contain a 4, so box 1C= 9. This was the key to the solution for now 1D= 2, 3D= 1, 3C= 4, 3A=6, 9C= 5, etc...

Good luck in your solving!

	A	B	C	D	E	F	G	H	I
1	3468	2367	49	29	3678	347	5	1	47
2	3458	357	1459	19	378	347	6	2	47
3	46	267	14	12	67	5	8	3	9
4	1	8	3	5	4	6	7	9	2
5	56	56	7	3	2	9	4	8	1
6	9	4	2	7	1	8	3	6	5
7	7	1	6	8	5	2	9	4	3
8	2	9	8	4	37	37	1	5	6
9	345	35	45	6	9	1	2	7	8

		9		5	1			
2		6		8	7		5	
4			6	9		8		
	8	4	1	2	6	5		3
		3						
		1	9	3	5			
	6		2		8		3	
							6	1

	5		2	1				4
4		2			6			8
1		8	9		5		2	
		5	6	8		9		7
		9	1	2	4	3	6	
3								
	6			5				
		1	7					
					9			

	7	8		3				5
1			8	7	6			
	6			1		2		7
	4			5	2	6	1	8
		1	6	9		5	2	
		6				7		
						9		
7				2	4			
								1

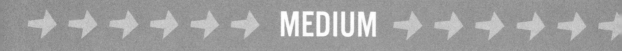

2	5	4		3	8			
3		9	5	1	2	4		
	1		9		4	2		
				9			4	2
9					3		8	
		2						1
		1			9			5
4	3			6		9		

7	3		6					8
			7					4
5		1	4	2		3		
4		3			9	5		
		2		6			9	
	5	9	3			4	8	1
	2			3	1			
				5	6			2

8	4		3		2		9	6
9	7			6		3		
		6	9		1	7		
	1	9				6		4
7	6		5			9	8	
		4						2
				1		4		9
			7					
				9				

5				3				
3			9		2	8		5
			5		1	9	6	
	3	9	6	2		1	5	
8	2	7						6
				4	3	7		2
					4		2	
				9				
		5						7

			2	6		4	9	
			7	4	5	2	3	8
	4		8	9				6
	9	6	4		8	5		
		7	9				2	4
8								9
5								
			3		9		8	
	1							

							1	4
		5		3		8		
	4		7	8			5	2
	9		8	6	1			5
			4	2		6	8	
	8		3		5		2	
				1			6	
		8				9	7	3
	2							

9		5	3		1		8	
			7					5
			8	5		3	1	
3	2	1			7	8	5	
	5			1		9	7	4
								1
	1	4			2		9	3
			6					
						1		

	3	1		4	5			8
4		9	6	1	7	3	5	2
		5		9	3		7	
	7			3		2		
2			5					6
					4	8		
		8	7					
5		7					1	

9			5	4	8		3	
	5				2	1		
	8		1					5
1	9		8				7	
		4		1			6	
6				3		4	1	9
					1		4	
			7			8	2	
		1				3		

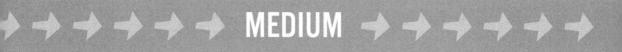

		4	9	5		8		
8		7	3		4	9	6	
	9	2	6	8				3
					8	7		
4	8							
			4	9	1	2		
	7		2		9	5		4
							7	9

2			3	7	9	1	8	
	3						7	5
8				2		9		
6	4			1				2
	8		4			6		
		3				5	4	
					6	4		
	6		2					8
				5				1

8		7		3			2	6
		4		7	2	5		
	1		8					7
		3		6	8		4	
						3	6	9
			3	2	9	8		1
		5			4		9	
			1					
	7							

	8					6		
								1
		4		5				
			7	3				
7		1					4	2
6				2			7	
8		9		4	2		1	
		2		7	1		3	8
5		3	9	6	8			

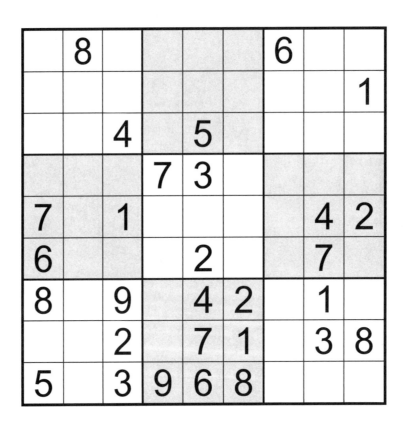

					8		3	
6								
	8	9	5					
			6					5
2				1		8		
			3	7	4	1		
1	6				3	2	8	9
9	7	2						
3	4			5	9	6		

5			9	8	3			2
4	3	8	2	1		7		
			4	5			6	8
					1	4	2	
		3		4		8		7
	5	2		6				
		4	8				5	
7								

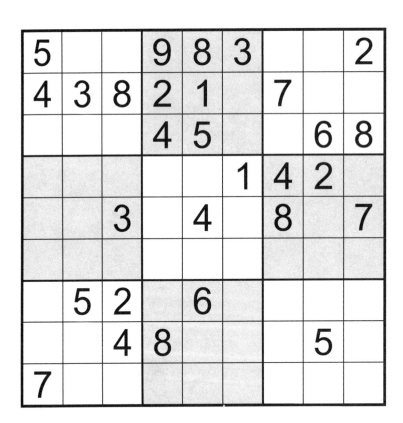

	3		8	5	7		6	4
	7	6		1		3			8
		5				3	1	
4		2						
	7			9	6	3		
1	5			6	9			
					2	6		
		9			8			
				4				

9					2	3		
	8		3		6	9		
2		4		9		5		
			4	5	9	7		3
	2				1			5
	7		2				6	
	9			3				
8				6	5	1		
								8

1		8			2			
	2		6		1	7		
7		6		3				
	7	9		2		3	5	
4		5	1					
		2	9			4		6
8				5	7		3	
			8				4	7

		4	6		9	1		
3	6	5	1	4			7	
9	8		5			6		4
		9						
			7	9				8
	5							7
8	9			2		4		6
	3	6						
				1				

		6			5	2		
	4		7	9	6	1		3
		1	2	4	8	6		7
	1	7						
		8	5				6	4
6						8		
				1				9
	8		6				1	
						3		

	6	8			5	4		9
		9			6		8	
7	2	1	9		4	5	6	3
1	3					6		
			6	4	2		7	
					8			
4		3						
				2			1	
								5

2	9			3	1	8		
5	1			7		9		
	4				9		6	1
	7		6		3			5
				4			2	6
3							4	
				1	4		8	3
						4		9
			8					

	3				5	1		
	8	5			1		6	9
9	2		6	4				
2	4	9			6	5		
	7					2		
	6			3				7
8	1						2	
						6		1
			2					3

	9			2				
4	8	3				5		
	1						6	
	4				9		7	
			4				5	9
	6			7		1	3	
9	7		3	6	1		4	8
	3	2			4		9	

1		9		3	6	4		8
8		5			7	2		
		6	5	8			9	
	5			4		8	1	3
		3			5		7	
6	1							
7		8		6		1		
4								

9	5	7	6		2	4	1	8
		6	7	1				
1					4		5	
	6							5
		5		8			9	
	4				9	6		
6			4	9	2			
2			8					
								3

	8	1	9				4	
		4			1			
	4	8	3			1		
				4	7	9		
7					6			5
1	3				4		8	
			5				9	
	2	9		7	3	5	1	

	5							
3	6		1					
		9			4			
						5	9	
7	4				6	1		
		8	4					6
	8	3						9
9			5		3	6		2
			9	4	7	3	1	

					4			7
	2	3						
8		9						
		5		2		8		
	9			3	1	4	7	
	3			9	8			6
3					9	6	1	
	6	1	2			7		
				5			2	

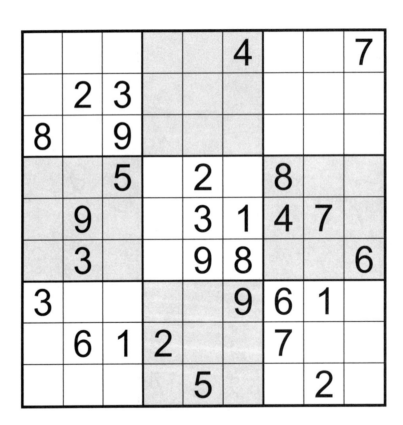

		9						
			8	1				
		4	7		6			
	4			8		2		
3		1					7	4
	5				1		6	
1	7		9	4	3	6	2	5
			2			9	4	
								7

4								
		2						
5	8	9			1			
					3			6
1		5			9		8	3
				6		1		7
	4	3			7	9		
			6					4
	9	6	4		5		7	1

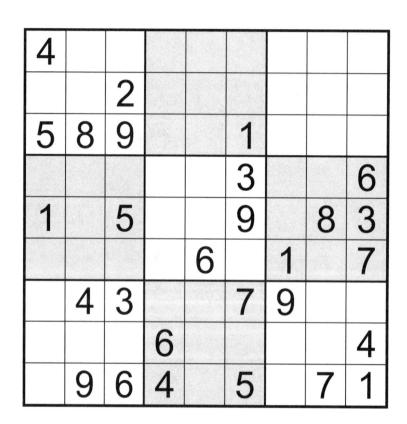

7				5	2			
8		9		7	4	2		
	8			6				
	5					7		
4			2	3	8			5
		6				4		
9			4		7		6	
		3	5		6		7	9

	5					6		
6		7			4			1
		2		5			9	
			3					
			7		8		5	
	1			3			4	
3	6	5	4	1			2	
	8		5	9	2	3	1	

5	7							
				1			6	
			5		8			
			8		6	9		
3				5				
		2	9				7	1
			4	6	5		2	
9						6		7
8	2			7	9	3		4

								3
5	1	3		9		4		
	4						8	
2	5			4				
		8						
		1	2	8			6	
			1		3			4
1	8	4				7		2
3	9	7				1		

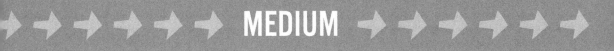

						8		
		1		3				
7		6	2	9				
	9						4	
4	1		3					
				1	4			
		7	9	2	3			
		9				3		8
5	3	2		8	1		9	7

	7	8	1					
	1			7	4			
2								
						6		
	5						8	4
9			7			2		
		1	6	4	7		9	
7			5					1
3		6	8	9		5	7	

				6			8	1
		2			7			
5						3		
7								
	3	6		8		1	2	5
	1						4	
3		4	6	2	8			
2	5	7		3	4	8	6	

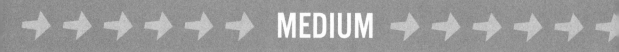

					3			
	9	4						
			7				1	
		9			8			
3	5			2	7			
8	6		3	5				
9			6	3	5	4		
	7		8	4	9			2
5							8	3

7	5					9		2
2				7		6	4	3
					8		5	
		6	9	8		2		
		4	3			7	6	
	7			6		5		
3	4				9			
		2			3			

3		2	7				5	
			3	4	9	7		6
	7		5			4	3	
	3				5			
9		7	6	2			8	
						6		
	8				4			
4						1		
			2	1				

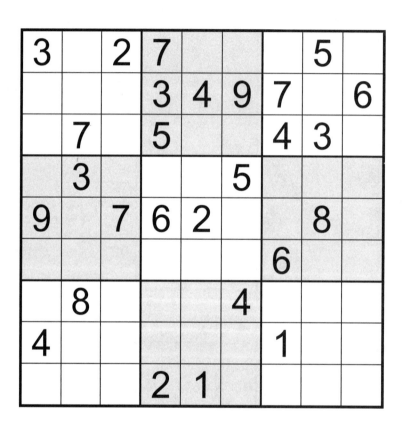

2	6					7	4	
1		5	6			9	2	
7	4	9				5		
3	1	4					5	2
	5			4			1	
8							6	5
		7			2			
			3					

4		3	2		5	7		8
8	5		1					2
		2		9	7			3
							4	
5				2	3	9		
	3				1	2		
	1		5					
	4		6				7	

6			2	8	9			
	4	7	6		1		8	
		9			7	1		
	9			3	2	4	7	8
5					8			
	2							
	7						2	
				2		6	4	3

						1		
	7		1		8			
							8	9
	6	3	2				9	
			6		9			3
	9	4				8		5
5		7				4		
	4	6	8		3			1
			4					8

						9		
								1
1		9				7	6	
					4			
			5		3		2	
		2	6			5		7
8	2	1	3		5			6
9	4			1				
3		7		6			1	

5								
		2	8			3		
4	7					2		
			5	6	8			
		6	3			1		
	8				2	7		5
	3	5	9	8	1		6	
	6		4	7			1	

	7		4		6			
	2	8		3			6	
1	6	4				9		7
	8		7			3		6
	4		6					
7				4		8		
				9	2			
	3	9					8	
					5			

	6			8				
	5	9		1	4		3	2
		4	2					
9	4		3				8	
			7		6	3		1
		7	8	5		2		
	3	1				9		
	8						5	

1		8						
4			5	1	3			
						2		
		9						
5	3	1			8			
			6	5				7
				7		8		2
2		3		4	5		7	
	7			6			3	4

						8	2	4
7	8	4		3			5	6
2		5	9	8				
	5		8		1	6		
9			7		6	5		
						2	4	
			6		8			1
		3						

1							5	
	3		5			7		9
8					7	9		3
7	9			4	8			
		3	9					
	7			9		2		
	5	1						
9		2	8	7		3	4	

		1	3		6	9		7
		8	4		1			
6	9		8	2	7			
	8						9	3
5					3		7	
	1			6		4		
8							6	
	4			7			5	

	3			8	5	9		
	7	9			2			5
6	5		4	9		3		
8							2	9
	4		8			5		
						4		8
				5		1		
		3	7					
9			1					

4			3	6		8	1	
		1				4		
6			4				3	7
7		9			4		8	5
			7					
3	4			9		7		
2			1		5		6	
		7						
								3

	7	6	1	2	5			
9	1	2		3	8			
		5		6				
				7	2	4		1
4	9					2		
					1	5	3	
	6	9						
				5		3		
							7	

1	3			6	5		9	7
		2					8	5
7						4	6	
	5			1	9		7	
8			5	4				
	7			3		9		
	4	7				3		
			4	9				

	8	9			2		6	
	6	5	7		9	8	3	2
			8		1			5
4	3							7
2							1	3
				7				
8						2		6
	5						9	
		1						

	8		4	5			7	6
		6		1	8	3	4	
		4			2	9		
3		5		7	6			1
	4	1				2		
								8
4	6	3						
		2	3					

	8							5
1					3	7	2	
6	2	7		9	1	4		
				2	5			
2		1				8		
			7		9		4	
	6				2			
			4		6	2	8	
								7

			2	5	1			
7		8	3			4		
	6	9						3
			7					
3								
2	5		1	7		9		
	3	1	8	2	5			6
8	7			4			5	

						4		
9			2					
3					5			7
7	1	2						
			1		6			
	6			2	9		8	
	8			5			2	3
		6	9	4		8		
5					2	1	4	

6	4	5	7	1	8			
2			6		4	1	7	
8			3	9				
		9			6			7
				8				4
		7					2	
7			9				6	
	3							5
						8		

				8	5	2		
7					1	6	4	9
		2	6	7		8		
8			5					
	3	7	2					4
			7		6	9		
1					3		9	
	6							
		5					6	

	3	4		1	7		8	5
1			8	5		2		7
	5		4					3
	2			4				8
	9		5					
		3			1			6
		5		2				
	8							
6						1		

	8	6	2					
			8				4	
								6
1	5				3	9		
9				1	4		8	
6	7		3					5
8	9	5			1	6		
	1		5	9	6			

				1	5	8		4
1	4	6	2	8	3			
			4				1	
8		1				7	4	
		9	6				2	1
			5					6
4		5					7	
	2							
		8						

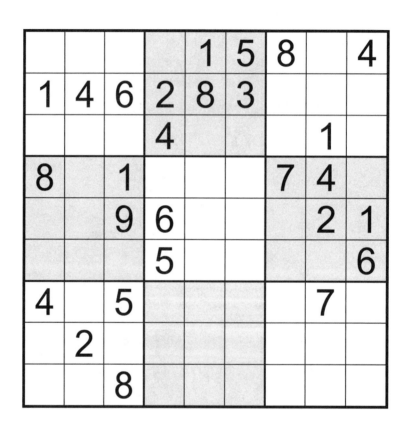

7			6	4				2
				9		4	1	
8		4		1	7		5	
		2	8		5	1		4
5				6				
					9	6		
	4	5						
1	6			7				
2								

7		5		4	6		8	
			8			9	6	
	8			2		5		
1		7						
		2	3			4		8
				5		3		
5		3	4	7				
9	1	4						

3	2				1	6		5
				2	8		9	
	4	9	5	7	6			1
				6	4			
							2	
		5		9			4	
	1			5				
	3		2					
	8				7			

				8	9	2		7
9		2	3	7			1	8
6			2	1			5	
	7	5		6				1
8								9
	6							
						4	3	2
				9	8			

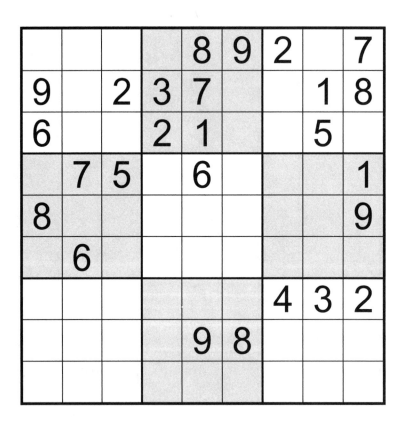

2	1	8	9				3	
5	6		2		8		9	
				4		6		
					5		6	
	5		1		9	7		
4	7					2		
1		3		9				
8								
	4							

						6	3	4	9
4	9	3		1				
6		2	3	9		8		
	3				2	6		1
		8						
	4							
	6							7
8			3	7	5			
	1							

			5	7		8	2	
	3			1	6	9		4
		1						6
		5	3		4		8	2
6						7		5
4			2					
	5				8	3		
			4		1			

				5		9	1	
	1	5			8			3
3	7		1		4		8	
8			4	7		5		
5								
	3		2			7		
			9				2	
7	9						3	
		1						

				8				
		5	2	3			8	1
3								
				6				
			9	1	2			
						6	5	
7					8	4		9
		1			7		2	6
	4		3	2		7		5

MEDIUM

	1	4		6		3	9	
	8		9		1			
2		9	7			8		
9			1	2	5	6		
	5							1
		7		3				
		8	6			5		
6	9							

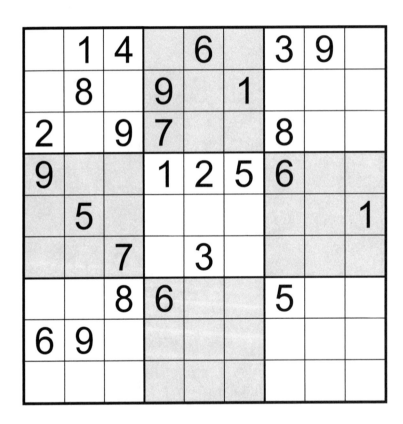

			6					9
	3	7				8	2	
		9			1		6	3
	9		8				1	
5	1	8	3					
		3			4			
				9		7		5
		4		7	8			
7								

	7		8			9		4
9	8	4		2		1		
				5				
	3		4			6		
4					2		7	1
		1	6					3
	4	8	5					
		2				8	9	

				8	4			6
8			5		9	4		2
4	5	6				7		
	9	7		4	3		2	
		1						8
		4	2					
		2	4	5				
					1	3		

		8	2	4				6
			3	5		7	4	8
7			1	6				
						1	8	9
	6	1		2				
						2		
3		4						
	7				6	9		
		5	7					

		4	9	7	1	6		3
2	6	9	3	4	8		7	
			5					
					3	8		
	8					9	6	
7				1			3	
							9	
1	7				4			

1	6	5						
8	4		3			1		2
	3		5				8	
2				5			9	
	5	8	2				7	
		6					3	
			8		4			
3			9	6				8

6	4		8			9		
		9		7		8		
5		1	3		2		4	
1	3				7		8	
7			2					
				5				
	9						2	
4	7	3						9
			4					

		8						2
		2			9		4	3
	7						5	
		1			2	9		
	4		5	8		2		
7	6			3				
		4	7		6		3	9
	9		2		4			

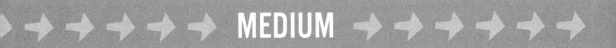

	8			4	3		1	6
	7	1						8
		6	9					
7	5			1			9	
	2	4		7	5		8	
			2					3
6	4							7
		5						
				2				

	5			1	6	9		2
							5	7
7	9			3				4
3	2		1					
				4		2		
1			3	5			4	
	3		9			1	2	8
		6						

			6		8	3		
	3		4	1		6	5	
1			2	5				
9	4			8				5
	7		9				3	
				2			6	
		3			5		7	
2								
7	1							

				4		5		9
			8			2	7	
	7			6				2
4			9	1			5	
6		3					9	
	3			9		8		
	2							6
		9		8		7	4	5

	6	5				1	2	
2					8		7	
	3	4						5
		8	4	9	6			7
					5			
	9		7			3		6
		3	2	4			9	
			5				4	

3				2	4		5	9
			5					8
8			7	9		3		
		6					7	
						9		1
2	9			3			6	
4	1							
9								
7	2		6		8			

	9	7	2	4	1	5		
	6		3	7		4	1	
	1						9	
			4	9	7	8		
	2							
					8			
	3		7				6	
9				8				3
			6					

						3		
4			8	5				
								9
	5				4			7
9		8	7					
7	4							
			6				2	
6		1		2	7		5	
	8	2		3	1			4

5								
	4							2
	8	7						6
			2				8	
						9		1
	6		7		3	2		
				5				
	2			9		6	1	3
	7	3			1	4	9	

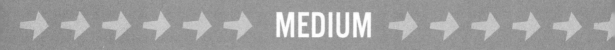

			6					
	9							
		4	3			5		2
			8			4		
		7						3
1		9			4	6		5
7			2	1			9	
		3			7			
8	5				3	1		

			5					
					1			
			3	4	2		1	9
	9					7		
		7						1
	4	8		1	6			
		1	4					
	5	6						3
8		3			5		9	6

	3							5
2		4			3	9		
		9		6				
					8		4	
7					1	2		
		6	5			4		8
	1		8					9
5			3		6	7	1	

	4	5		2		3		
6				3				9
	3	2	4		7	6		1
8					2	1		
	2	7	6				3	
	5							8
					5			
		6				2		

							2	6
							1	
			2	6				
		2			7	4		
		5		4		6	9	
			8	5				7
6					3			1
	8	7			4			
	4	3				9		5

					7			
		1		9			7	
6					8		9	
3								
			1			5	4	3
	6		8			2		
2	9			5		8	1	7
		4	3			9	5	

			3					
	7	4	6				5	
		5		8		7		
6			7					
								8
				5	8			3
1	3			9				
4	5	7				2	3	9
9			2					

					3	7		
			1					
3			2	4				
5								6
9							2	
	8	3				5	4	
	2			7	4		3	
		5					6	
	6	8		3	2			4

		5						
					3			
4				9				6
	7					4		
			2			1		
		2	3	1			9	
			8			9		
			9		2	3	4	
	1	3	6		5	8		2

							5	8
		1						
			1				3	
8								
9				8		5		4
6			7	5				
	2				9		8	
7				2				9
5	3			4		6	7	2

	4						2	
			1	4			8	
	3				9			7
	2	4					5	6
9		5						
			8		1			
		8	7	6	2		3	1
				9			6	5

			7			5		
1								
		9			5			2
	8				2			
				4				1
9							7	3
			2			1		
6		4	5	1		2		
		1		3		6	4	9

			1					
		4						5
					8			
	1						9	
4				7		6		
5		6	9			8		
	7			5				9
2	8		7	9	1	4	5	
				2			8	

							4	3
			7	5		1	6	
		2				4		
	1			6				
	3	9	8		1	6	5	
9		4	6		2	8		7
				9				
			1				3	

9				4				
				1				7
				8		2		9
			9			7	8	
7			1			5		
	3	9			6			
		8				3		
	7	4		3				
		2				8	1	5

			4					
7							4	6
				2				9
				9	6		3	7
6	4			1	7		9	
9								
	7			6		1		
	8	2				3		4
				3	8			

			1		4		8	
	3	9	7					
				6				8
	1				8			3
6				4	7		5	
8						6	4	
				3			2	7
9	2	7	4					

2						7		8
				1				9
	7	8			4			1
9								2
				6				
	6			5	3	2		
	4		9	7	2	6		3
5							8	7

3							5	
					6	1		
	2							
7				6		4	1	
			9		5	6		
		1					3	8
8					9			4
	7				3		9	
					1	8	6	2

							6	
					3			7
	8	3						
	4							
5			6					1
		6	7			5	4	9
	2				1			5
8		7	5	3			1	
	6			2		4		

9		5		2				
2	4				7			
	3						4	
			7				6	5
		1	8				3	2
4				7		5		
					1	6		
		6		5	2	1		4

	4	3		9				1
		2	6		3		5	
	5				2			9
	1			4		9	6	5
8		4			7			
5								
		1						2
			1			8		
				7				

		6						
7					1			
			5				7	
5	7				4		3	
3	1			7				5
		8					9	
					8	6		
	6		9					4
	4	1		3			5	2

						2		
			1	6				
7			8				5	
	4	5		9				
			6				7	
			2	4	3	9	6	
	6			7				1
		2						7
	1		4	2		6		

				5			6	
8		3			6		4	
4		7						
		8	6				3	9
					8		2	1
			7		2		1	5
2		5	3					7
				1	5			

2		9		8				1
6		7		3	5			
	4		9		7			6
		8		4	1			
9				5				
		3	8				5	
		4					1	9
	3					6		2

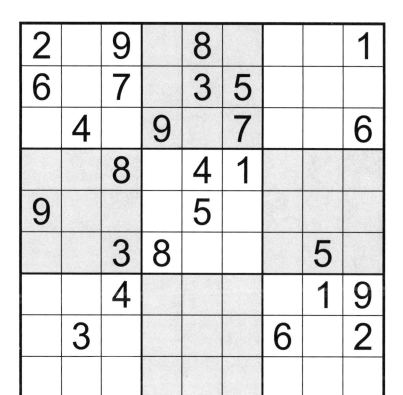

							5	
		7						9
	9			5	3			
	3		7			5	8	
		5		2	6		7	
4			5			2		3
2				4		3	6	
	4							8
	1		2					

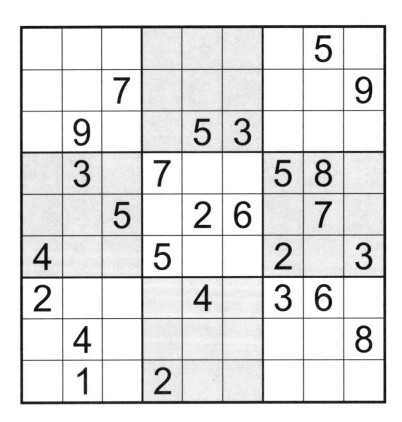

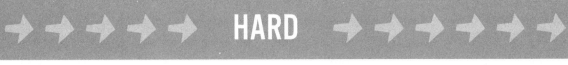

				5				4
6	4		7					8
8							2	7
	9	5	2	3		8		
	7	8			5			9
				9			4	
			3	6		5		
3		1		8				

HARD

		1	3			9	4	5
	5		9	1		3		
9	2				4			1
		8	1			7		
	9	4				5		
2								
			5		8			3
				7	1			
				2				

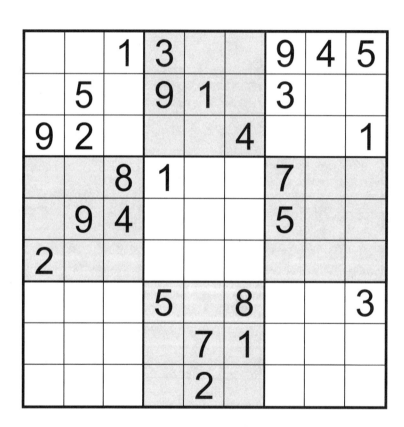

6	3							
4	1	7		2				
				8	2			
8		4	5					3
9	6	2			4	8		
				3		2		5
2				5	8		6	
						9	8	

HARD

				5				4
		6					5	1
		1				3		7
3			6				8	2
	8		3	7				
		8					2	
1	9			3	2	5		
2			9	8	4			

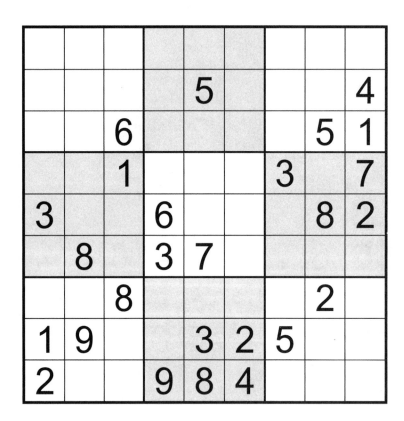

		1	6	9			8	
4		6			3		1	
3			5					2
			9			5		
5	7				8			
					2		3	8
	8				9			
6		4	1			2		
							4	

HARD

						9		
					1	5		2
	3				5		1	4
			5					7
	4	3			8			
1					7		8	
5	9	7	3					
2	1		6			3		9

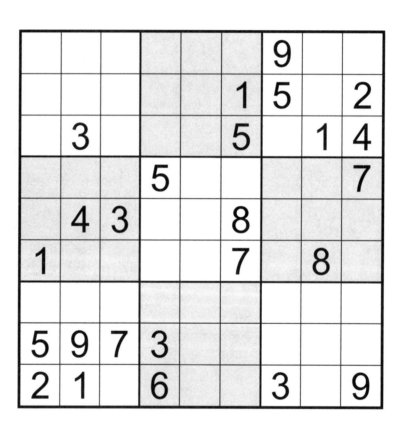

						1		
		6	2					9
1				8			3	
		8						
2	5		1	9				
							9	3
8	4		5					
	6			7		3		
	2	3	8				4	6

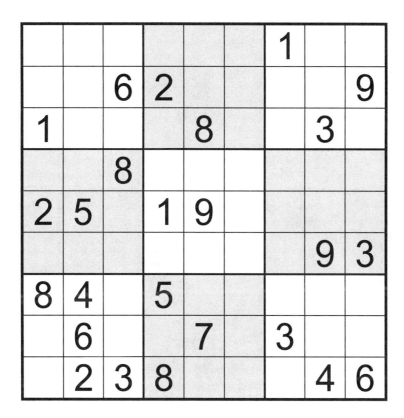

								9
5				6	8			
			9				4	
	5							
6								1
			4	3	2	8	5	
2	3				6		9	
		1		5			3	4
4			2	7				

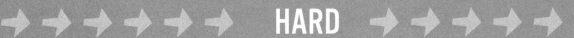

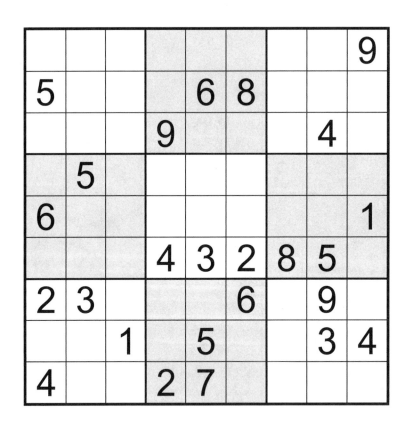

HARD

3		6	7		5	2	1	
			1	3	4			
		9		8				5
							9	
7			2			8		
	3	1					2	
8	4		5		7			
	6							
2								

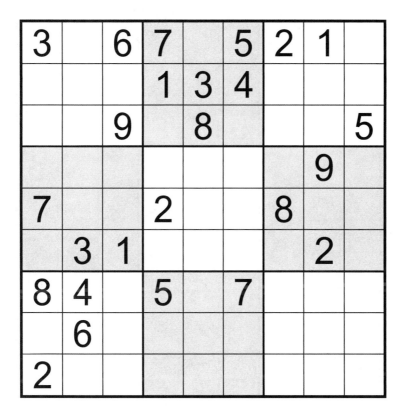

					7			
						8		
		9	5					2
								6
7	2				8	9		
	3	5		1	4			
		7		6	2	3		5
								9
1			4	7	5			8

		4				1		
		6						8
		2		6				3
4			3		2		9	7
				1		4		
				3				
	7		6			8		9
2	1	9	8	5			6	

		4					3	
7							9	4
				5				
	3	5		2				9
		9	8		1			6
		6	5				8	
9			1		7			5
8			9			4		7

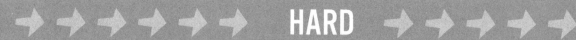

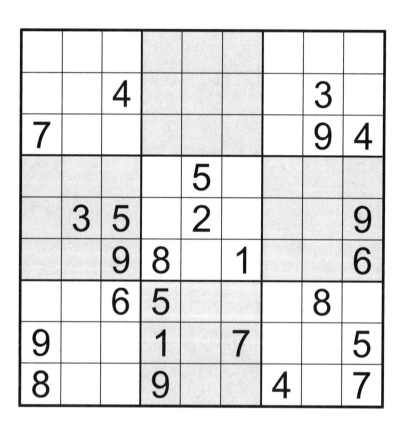

				3				
								1
7					5			4
		2		8	7			
			1			8		5
	8				3	2		
	6		5	1		3		
	2	3				1		8
8		9				6		

2		6			9		5	
			2	4				7
9			1		5	4	6	
		5	8	6		9		
4							7	
						8	4	3
6						5		
		9			3			

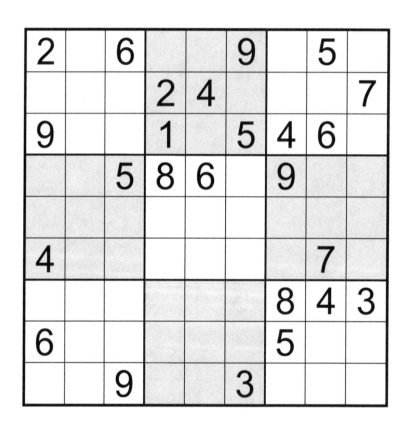

HARD

	5		7			4	9	
9						7	6	3
3				9				
		2	9	4		5		7
				2				
		7					1	
	9	6				8	7	
			6				5	
					8			

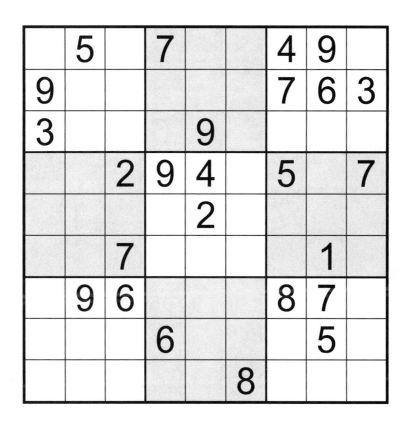

		5	3	8	2		1	
		1					9	
		3			6			2
				2	7	9		
		7		1			4	
			5		9			
8	1	9		5		3		
6						2		

	2	6	9	5				
	7			6	3			
	3		1	8		5		
				1	9			6
				4		8	9	1
	4		8					
						9		5
7								
	6	3						

		5	2				1	
			5		4	7		
	4			6			8	
	6	4				8		
3	2	7				1	4	
			9					3
	8	3		2	1			
		1						
6								

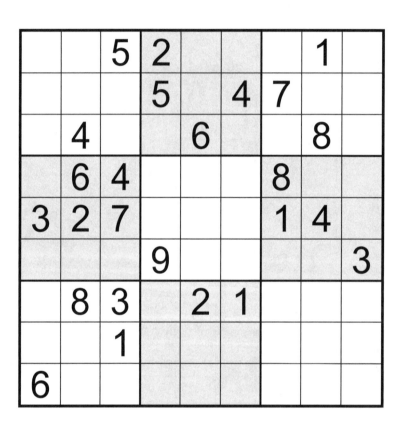

	7	8	1	4		5	3	
	5		7		9			2
			6					
	3		9	7			6	4
						1	8	
								3
6					8		7	
						4		
		9	2					

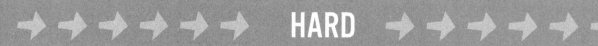

HARD

8				5			1	
7					6	5		9
			2			8		
		6	1					
9				2			6	
	5	2	3				8	
		1	7			3	4	
					8	9	7	

		2	1	9				
7		3	4		5			
	4					9	5	
	5		9		2			
		4		8				2
	1				7	5		
		1	7			2		
6	2							1

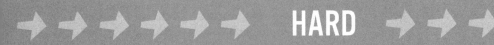

	8	1						
							1	
				2			4	6
		9			7			
	2							
		6		5		7		4
				4	1			5
4	5				8			9
9		3	6				8	

							9	
				3	1			
						2		3
	8	3			5	7		
6					8	4	1	
	9							6
		1			7		3	
			2	5				
4		5			3		6	

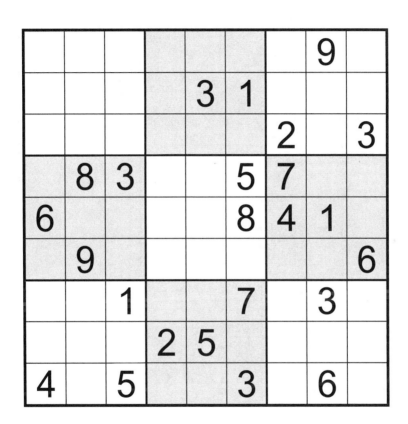

								5
						7		
		5		8		6		3
		2			5			
	6				1			
4					9		1	7
	1	7					6	
			9				2	8
	8				6	3		9

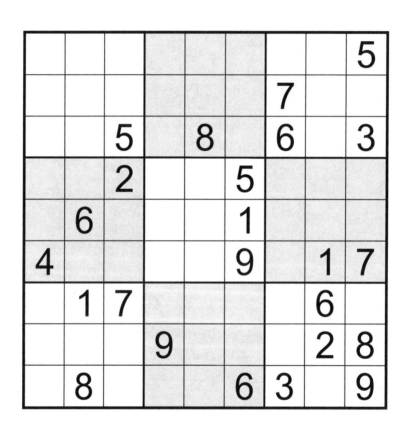

		3					4	
				5				
	1	5			8			
							9	5
		2			7			
4		6		9	2	3		
	9		2	7				3
						4		
			3	8	9		7	

							9	
			4					
	1			9	3			
		3						1
		8		3				4
	2		7	8				
1				6				9
	4				2		5	
	5		8		1	7	2	

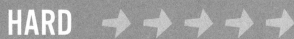

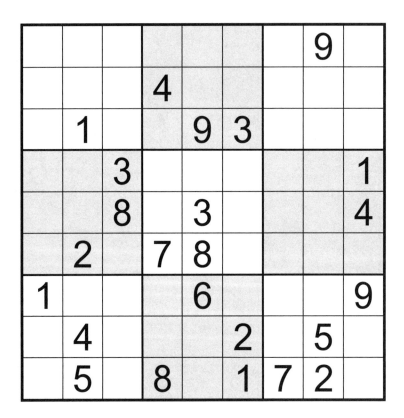

				9			8	
				3			1	2
		5	2					
					7			
					1			
	6			8			3	
2		7			6	8		
	1	4		2		5		
	5	6			3			7

	2							
		7		4				
					3			6
				1	4			9
	5		3		9	6		
		2	8					3
								1
7		8	6			2		
4		1			7		5	

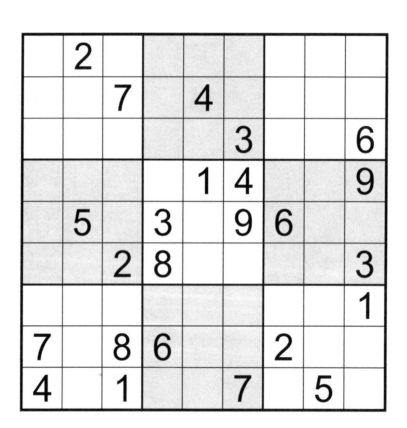

	5		3			1		
		9			6			
				2				5
	3				9	7		
4	9	5	6					
	7							8
1				4				6
	6		5	7		3	4	

		6					7	
	9		8		5			
				2		3		
		4	1			6		
					3			4
2		5	9	6			3	
9			2		7	1		
1		7				8		

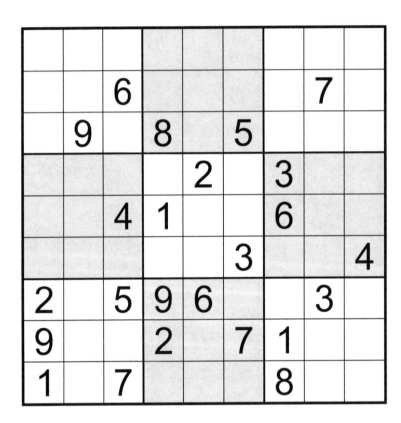

	6							
					2		3	9
			3		1			
							7	
3	7					8		5
1	8			6				
		2			8	4		
				1				
8	1		7			5	9	6

						3	9	
6			2					
				1				
8		2	6					4
			7		4			6
7		9				2		
	4		3	2		7		
	3			6		8	1	9

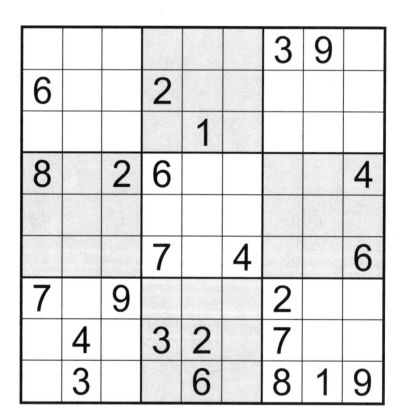

	4							
8				3		7		
		9			5	6		
			7			3	2	
								8
1		4	6					
	2			1	4		7	
				6				2
		5			9	8	6	

						3		
						4		8
9					7		1	
		2						
					5		6	
6			4	9				
4					2			3
		6	7	4	8			
7	9		1		6		8	

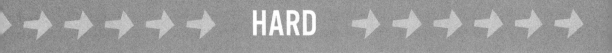

7								
		3		2			8	
			8	6	3			
								9
	7				1	4		
5					8			
	9				4		3	8
	4	8	7		6		1	
		2	3					

				9				
5							6	
	3					4		
		3				5		
1	4				2			8
			6		7			
3		6	9					
2		5			1	3		
			7		6	8		2

	5					3		
	1	2		5	4			
	3	8	1					
		7					4	
2					9		5	
				4	3			6
			8	9				
	8	3		6	1	7		

					6		5	
				3				
			4			9		8
								7
		3				2		
		2	6		7			4
3				9			2	
	6	9	7	1				
8	7				2			5

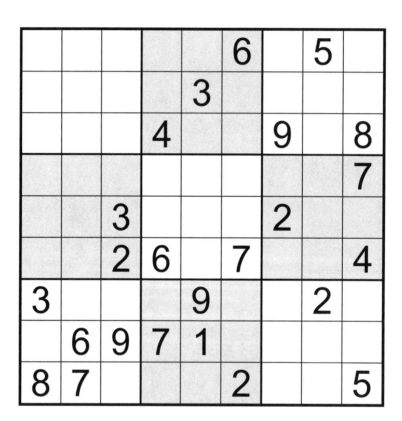

			7		2			8
	3	5		1				
							7	
5							2	
4	9						1	6
		6	2		1			7
	5	2			7		9	
		3		6				5

HARD

					6			8
				1		5	4	
9				2			5	6
						4		
6			7	4				9
1	7				3			
		5		7		2	6	
	4			5			3	

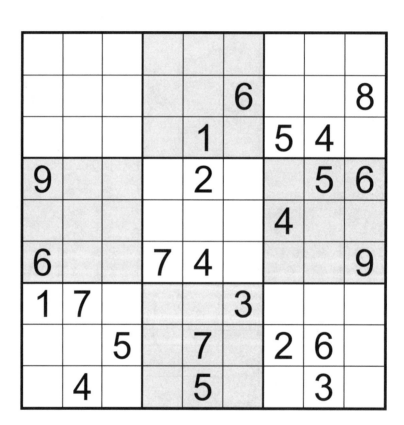

		1						
9						8	5	
	3							9
				3				
2					1	5		
	4				8			1
					6		9	
		9		1		7	3	
	8			7	3	1	2	

8		6		5	4			
			8		7			9
9				2				
	3				8			
		8	1	9		5		2
	2	7				8		
	5							8
			5			1		6

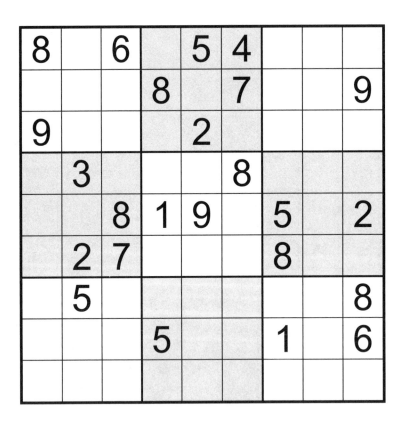

	1							8
	5					3		2
6	2			8				7
	6	4	2		7			
			4		3			
9			1					
	8				4		5	6
		2			5		3	

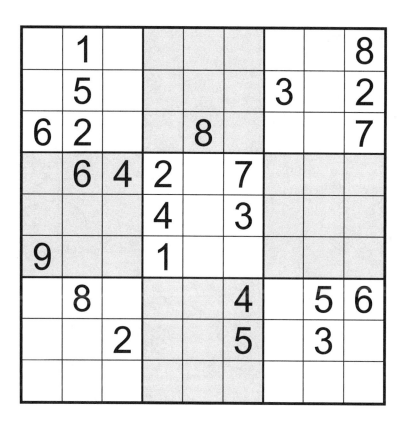

5								9
	2	3		4			7	
					6			3
					9		4	1
			8	7		2		
		8		5	4		2	
		6	7		3		5	
			9					7

		6						
	7							
					2			8
	1				9			5
			8	3		1		
4			1			8		
				4			3	6
	4			1		5		
9	5			2	3		1	

								3
			1		2			
4	7		8					
3		7					1	
	6		5		7			
				9		8		2
	8		2		6			
	5	9					6	
	1		3					8

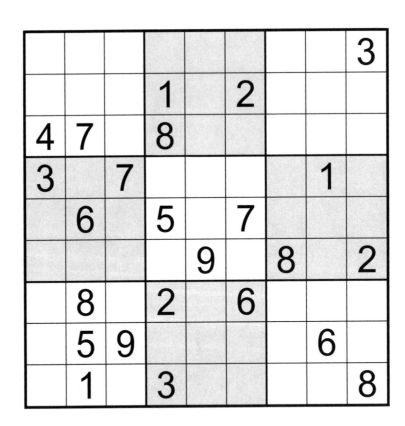

1		5				9	3	
8				6	9		4	7
						6		
		2						
		4	8			7		5
		7		3	2		8	
	5					4		
				1				
			4					3

							4	
		8					2	6
	2							7
1								
	8	6	9					4
				3	2	7		
					5			9
			2			1	7	
4		1	8		9	3		

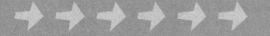

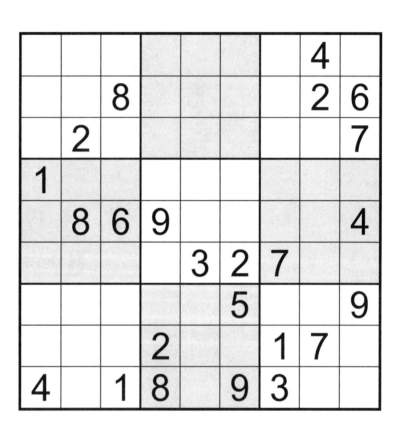

	4		3				9	
	8	2				1		6
		5			9			
3	6		1					
					5			
5		9		1			7	
6								2
2			6	5	8	3		

				4				
	7							
2		4						1
7								
	4			1	9			8
			6	2		1		5
8		6			7			
4		9	1		3	8		
						5	3	

	3			2		6	7	
					6			9
		6			7	4	8	
7		1			2			
			8				6	
		7		4				8
4		9					5	2
5				9				

					8			
	2					1		
			7	1		6		
	8	3		9				
5				2				8
	9				1			5
2		6		3		5	7	
		1	4					
					6	9		

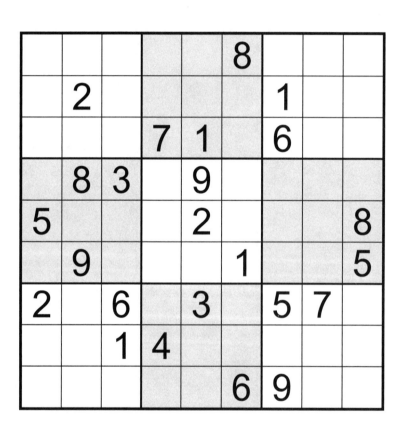

9		7	2			5		
1			7		5			3
5	3							4
		8		3		2		6
	5				1			
7			8					
						8		2
						9	7	
			1					

							2	3
			4		2			7
6					1			8
3	6		5	9	4			
		2				3		
				6		8	5	
2	9	7						
				7				1
5								

HARD

		2					6	
4	5		7	8				
	9		3	4				
7				1	5			3
5		8						
	1							8
	4	1				6		9
							1	
8					9			

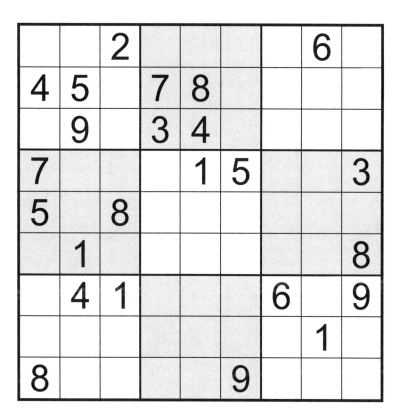

HARD

4				8				3
			9	3			7	6
		6		5		3		
			2					
1					3			
	5	4				6		
6		3		7				9
9			5		1	2		

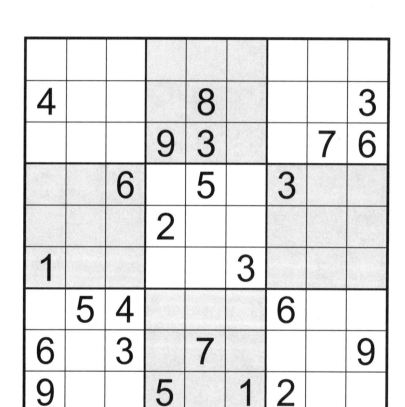

		4						
			9				6	
					2			5
	9						2	
				6		5		4
		6			1			
	5				7	1		
7	3			2	9			
	6	2	5	3		8		

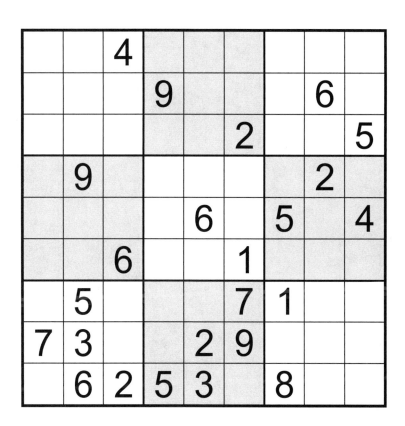

		5		9				
			5		4			
							1	
		8				7		2
		9			6			4
				1	2	8		5
9				7				
2					8	6		
6			1			4		8

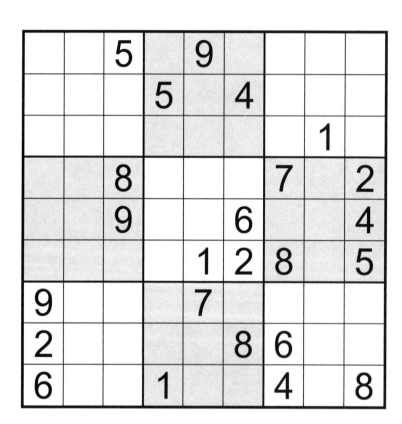

		3					1	
	2							
6		5						7
9	4		2	7		8		
				1				
							6	
		4			3		5	6
			1	8			9	3
			7	6			4	

1			5		2			4
		2			8			5
	8				6	9		7
2				7				
	6				4			8
			8		1	5	6	
8	7							
						4		
		5						

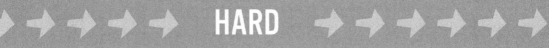

6		8						7
	1		3	9				
3				4				
	5				1		4	
				7		2	9	8
8	9					7		4
		4		1			3	
					6		1	

	2	1		4		5		7
	5			6		9		
		9	2					1
9	1	6						
					7	8		
		2			3			6
							3	
			5		9			
				2		4		

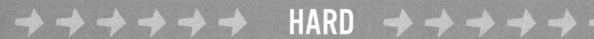

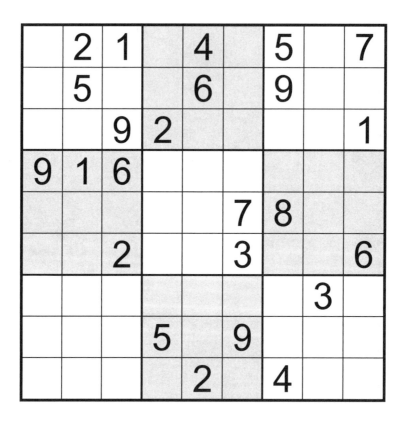

2	1					5	8	
5			7		8			
3				4				2
	2	4		7			3	
		9	5		3			
						1		7
		1						
			3		7		4	
6								

HARD

			7					
					2	5		8
2		9			3			4
					4	1		
		1					2	
4	5					6		
		2						
6	4					8	1	
5			2	3	6			

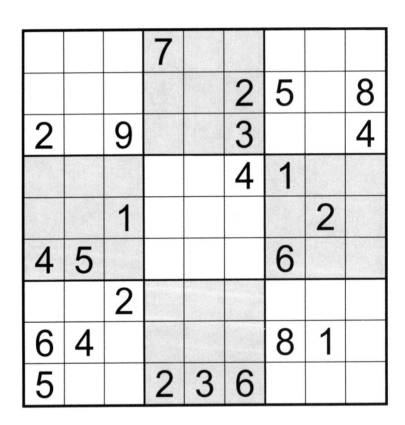

		2		6		3		
			8	2	5			
			1			2		6
	5							4
1				5	8	9		
5	8		7	4				2
9								
3					6		7	

8								9
						2	7	
	3							
6				8	7	3		
	4		5		2			
		2	1		3			
1		8					4	7
					5			6
9				1			8	

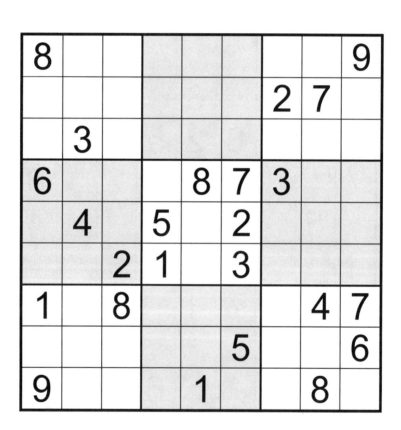

	4		7		6			1
				2	9	3	8	
7	1	8	9		4		3	
		3				7		9
					5			
8						6		4
	7	2						
							9	

7	1	9		6				3
		3					6	4
		5					7	
5						6	1	8
		1	9		2			
			3		5	8		
2		7					3	
			9					

					9			2
						4	5	
		5					7	1
	9			7			1	
1							4	
		3		2				5
				1				
5	6				2			8
	4	8		5			3	

	3			8				6
							7	5
			5				4	3
1						2		
	2	4					9	
	9	5		6				
					2	7		
	6	8		7	3	5		9

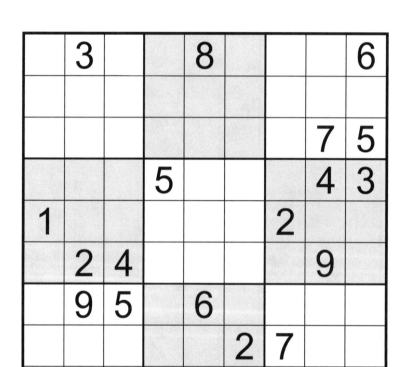

				2				
		3	8		9			
	1						8	9
			4	3				
	6	8			5		1	
		1			2			
	8	6						3
2	7							1
			5			8		4

						9		
6			7					
					8		3	
				7				
	3		8	9		6	1	
	9	4			6	5		
	5	3			1			
			5				7	
		8	6			3		4

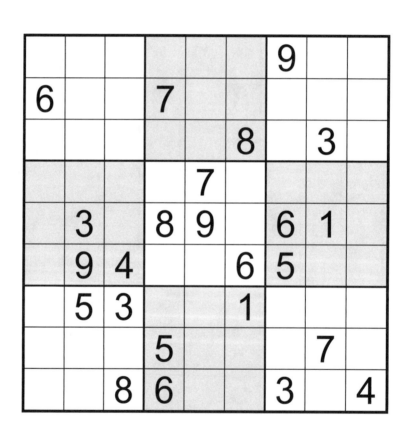

						4		
		7					9	
		8	5	7				
2			8				7	
7						5		
9		5			3	1		
		1		4	2	6		
5				6				8
		3					1	

1					6			
			8	3				
		2		8	5		4	
9		1				5		
	5					8		1
4							2	
6			4		7	1		
	3	8		6		9		

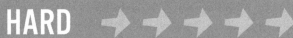

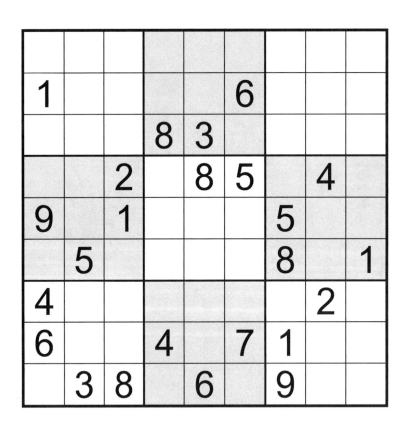

				8				
1			3					
				1	4			
		1					6	
3	5			7		1		
	9					2		4
	3		6			9	1	
				9	5			
2	8				3			5

HARD

3			5	7				
	9			8				
5		1	4					3
			8	9		1	6	
	4							5
		2		6			7	
		7		4			3	
			3		8	9		

			2					
		3						
4					3	5		2
		8	1			7		
7	4			6			9	3
1				2				
		4		9	8		6	
						8		
	9	7	5					

	6		8					
	8	6		3				4
9		5			2	6		
	2	3			7	9		
			7	4	5			
		9				1		
5	7	1						
	1			7				

		7						
	9		3	6	8	1		
								2
				7		4		5
	6			1	3		8	
	7	1			2			4
			4					
2		5		8	6	3		

	5				9		4	2
9				5		6		
	2			7	6			
3			5					4
		5		8		9		1
		8		3			5	
6					1			
		4			3			

				3	7			
		4	2					
	3		8			9		
		7	9					3
	6	9		2		8		5
3					5	2		
1					4	5		9
						6		8

2	4		9			7	8	
		8			3		6	
			2			1		
		9	8		7			5
3				1		2		
	2				5			
		5						1
				7		9		
								6

	5							
						4		1
1			8			6		
								8
	7	9						3
8		6	3			7	1	2
	2		6		9			
				4	2			7
					7	1		

9				2				
2	1		7				8	
		8						5
	4		1					
		7		8			3	6
	5				2		4	
		3	9			7	5	
8			3				1	

	4				3	8		
		9						7
2					8			
	3			7				
7		5	3	4				
				8	1			5
			9		4		1	3
5	1				2		4	

	7	1	3				9	
	9					3		6
2			5		8			
5			4				1	
	8	6				7		
			7		5	2		
9		4	8					1
								3

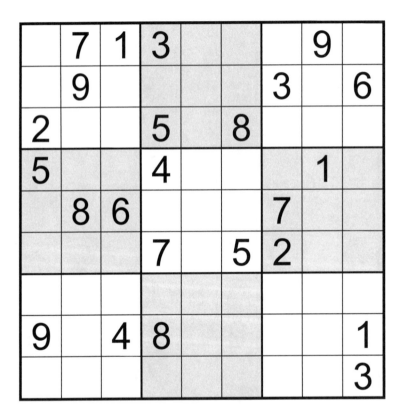

					8			
	7		1				6	
3		4						
	6			3		8		
					5			
2	1	3		6		7		
	3	5			6			4
		1		9			8	
4								9

	8	3			2			
		6		3		8		9
9					1	7	3	
7	3	1	4					
2						6	5	
		4						
			3					8
			6			3		
							6	

	4		3	2				
8					6			9
							6	
	2		7				1	
				3	8	5	7	
4			5		2			
2				8				
9	3							1
			9			3		

			9		1		7	2
	5				4			
			7	3		5		
8				1				7
						3	9	8
			3		5	6		
4					7	2		
9		3						
	1							

	9			6	8			
					1		5	
	8					4		
				2			3	5
	7		4			6		
3			9					7
8	4				7	5		
			2	3	5			6

					6			
	9			3				
						4		
7		4				8		
		5	9	6			7	
	2				1		6	
	6	8			3			4
	7			8		9	5	1

	9	8				3	1	
2								
4			8				5	2
5	3			1				
		2	9				4	
		1		7				9
					1			4
			4	5			8	

					4			
			1				5	
	4					8	1	
							7	
	1	2	8	3				
		5						6
	9			5				2
				7			9	3
7				2		5	6	

		6			2			
	1		9	6		5		4
				8				1
8								6
4	3	2			7		8	
							7	
	5			1				
3		7			8			
				4				

							5	
	8							
1	7	3	6					
		2				1		
8					7			
				6	9	4		
				4			7	
5		1						
		4	5		2	3	8	1

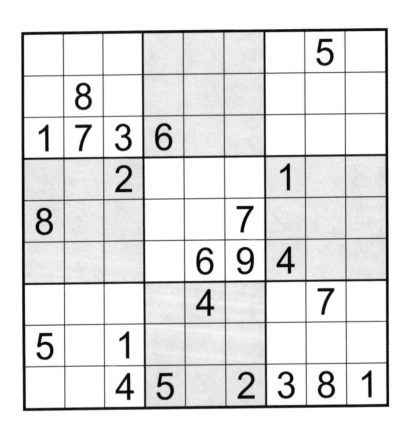

	7		9					
1								
		2		3	8		4	
6	8	7		2			9	
			5					1
		3						2
	9			8		3		
7						5		
		8		4				

		2					6	
		7				3		
3			4		6		7	
	1				2			
	5	4						
				6		7		9
			6				4	1
2	9							
			1		5			3

		4	1		9	7		
		5					4	
			5				6	2
	3	7				4		
				4		3	8	
8				6	2			5
5	1							
				8				
					1			

HARD

7	3		9					
			7				6	
			2	4		1		
	6							2
8	5						9	
		8			7	2		
		6			8	7		
5	2					9	4	

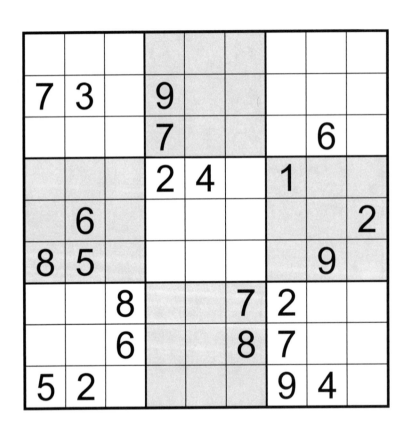

		9				5		3
4				5	9	8		7
2			4				9	
		1		9		4		
		5			7		8	
			3		2			
3		7						
		4		1				

					9			1
	8		6				3	
2	3							
						4		
	5				2			
9			8	5	4		2	6
	2	7						
5		3	2	7				
		4						

					4			
				2			5	
	4	3	8					
	5	6						8
			9					
					1		2	9
7		4			9			
	8			7		5	1	2
	3	2						

		4		6			2	5
		9	2				1	
						4		7
		3				7		
		7	8			3		1
9					4			8
8						6		9
			3	5				

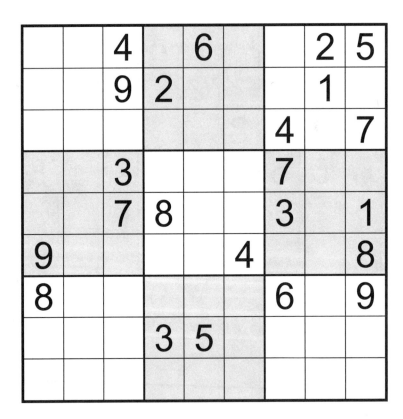

8			1	7		6		
			4					
3		1	2			5		
6	8	9			3			7
1		5				4		6
	7	2			9			
5								1

							2	
	5	4						
8			7					
							6	
3		9			1			
	2			3	4			
		6				5		
9		2	1	6			7	8
1					3			4

						3		
			9				4	
	8				1			
5	7				4			
	6	2						
3			6	9		7		1
			2				9	
			3	5	9	6	2	
4								

	8	9				6		7
	1		2			4		
		2	3				9	
2			5	7		3		
7			9					8
6	3			5				
		5		8		2		

8			5				9	
			4				2	
	7	5	6			1		
5		2		8				9
		6		7			8	
								4
		8		3	2	7		
						9		
		7						

8	5							
	4					5	1	
		3		2	7			
		4	6	1		9		
1							5	
	7			3				
		9		4				5
				7	2		8	
						1		

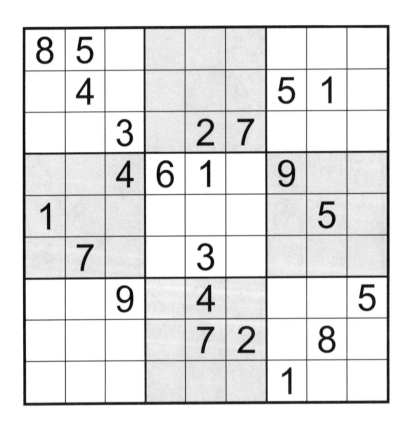

			8		1	7		
7				2	5		1	
3		5						6
	8							3
9					8			
					7		6	5
				9				
8		4			2	1		
	3							

	3			5		8		6
2		8		7			3	
	1							9
	7					6		8
	9				6		1	
			2					
4		6						
		7	6	8				
								5

					6			
7	1							
								4
			4			2		
4				1	9			6
	2	7			3			1
		3	8		2			
			9			7		
6				4		9		3

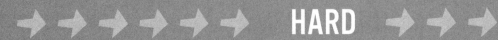

			4					
6					1			
	1			5	8			
				3			4	
5	9							1
2	8			9				6
						7		
		7	5	2	9			
					7	6	8	

						7		
							1	
			8	1				
5	1	2		9				
		9	3		6			4
	6							
8						4		9
1			7		4			3
	2				8		5	

					4	3		1
					7	9		
	3	5	2					
				8			6	
1		6	4		9			
			3			2	5	
	1				3	4		
4							8	
	2							

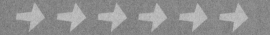

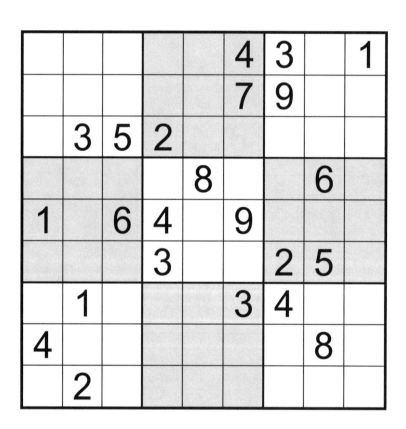

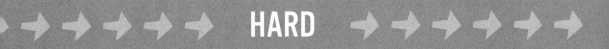

			9		6			
				8		1		
5	2	3						
		7					4	
			1					9
								7
	1			5		9		
		8			1			4
	9		7			6		2

7			6		8			
1			3				7	
	8			2		4	3	
				4		9	5	6
					6			
8	1							
				9				
2	5					1		
		3						

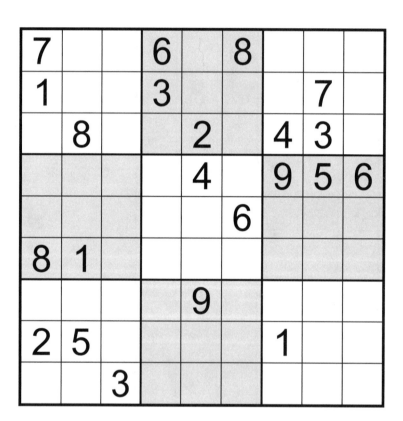

	1			4				8
						2	6	
	8	4	7					
	3			1	8			
	6		3					
					9	7		
3							9	5
				6		1		
	2	7						

	3				9	8		
				5			2	7
6				9		3		
7								
	4	9						
							8	
		1	4		3	5		
		7	8		2		4	6

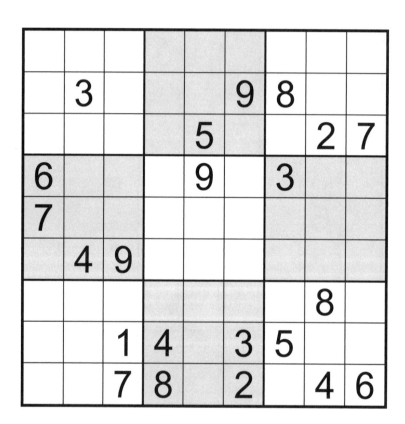

4	2	9	6	1		3		
	1				2			6
7			4			2	1	9
					9	7		1
	7				4			
	3			2	1			4
3						1	5	
1							7	3
	4							

9		6						
	1			2			4	8
	6		7	8			9	4
					4		2	7
		8		4	2	6		
		9	8	7			3	2
2		3		6	9		8	1

4	6		1	7		3	9	
3		1	2	6				
							1	
			8				3	
	3	7					5	
			7			6		4
	7	4	9	1			6	8
		9						
	5						7	

5								
	3	7		8				
						1		2
		1				4		3
	8		3	9				6
		6			9	2		
					6	2		9
	7	6						
3	9		7	2	8			1

			3	4				7
			2	9		6		
			6			9		
1		3		8				
		6		2	9			
5		4	9	3			1	
	8				7	2	9	
9	6						5	3

				4			2	
								7
			9		3	4		
				3				
	8						1	5
		3	2	7	5	9		4
	9						5	
6	5		7		4	8		3
		8		9		2		

	2			7			5	
		4						
5		1	4				9	
						3	1	
	9		7					5
				4	8		7	
		2		6	4	7	3	
	1							6
	8	3		5			2	

		3			5	1		9
6	2		3			7		
	9		1	4				8
		9				6	8	
		2			1		3	
5							7	
1					3		9	
	5	6			2			

4					6			1
	5		2	9	1		3	
		3			8			
			9					8
1		2					9	
8		5				1	4	
7		4					6	
				7	3	5		2

8					2	7		
		4			8			
			1			3		8
4		6	2	7	1	8		5
		9	4					
	7		5					
	9				5			4
				1		2		
7		8						

8							3	2
	7	2				8		4
				4				
	9	5		8	7		2	
		8	2		6		7	
				1				
	6					9		5
9				7		3	6	1

3				6				
8		7		2	3	1		9
6		1			8			3
				3		6	2	
	9	2			7			
	3						5	
				7			9	
7					5	3		
								4

	1					9	6	2
8		6					3	5
		2		4				
6				3	2		1	8
			5		1	6		9
9				7				
		7				5	2	
			3					6

1	2	4			6	8		
5			9				1	
						4		3
			6		1			8
	9				5			
		7	4		9			
		5			4	1		
2			7		8	5	6	

			9				4	
								6
5	4			2				3
	5				1			
1		4		9	7	2		
	9					7		
3				8				
	6	7				8	2	
8		9	7			6		

3	5			2				
6		2					5	
1				9				
					3		4	5
4			7			9	1	
	6		2					8
8	1			6				3
	3		1		5		7	

				7				
		6						
	7	1	6	5				
							4	
	9	7	8			6	5	
			1	9				2
		3			8	5		
9	8			3		4	7	
	6			9			2	

				1		8	6	
				6	9		1	
4						2		
	2	7						
1		5			7			
5			6					7
	6		3				8	5
	8	2	7		1	6	9	

			4		7		3	2
	4			1	8		5	
5			9		2		4	
	2		3		1	4		
				7				
9			2					1
		5		8				
	6	1						
3							7	

1	7				6			5
		6		7			1	
		3						
	2			5		8		7
			7	3		4	5	
	4		3	1			2	6
			8		7	9		
	3			5				

					4			
							7	6
			6	5		8		4
	9	7	8					
3	5					6		
							1	
7				6				
9		6			8	1	2	
	3	8	9		2	5		

	7		2	1	3		8	6
					7			3
	2		6				1	
2				5	8		6	9
	4	7		2				
				9				
			5	7				
	5	8			1			
							3	

		5		8				
		7						
6							7	2
						4		
			6		9			3
	9		2	4				
	5	4				7		
		8			4	2		9
	3	9		7		8	4	

	3			5				
						9		
		6	8	2			1	
		1					7	
			2	4	3		8	
	6					3		9
	1		4			7		
7	8						6	5
	9				1			

		3	6		4	5	8
	8		2	5		6		
		1	9				2	3
	4				8		6	
	2				5			
6							1	
				2		5	4	
		7						
	1							

	5	2	6			7	3	1
	7		4					
9			3					4
	3				4			
2		9				6	5	
7			9					
		1	7	5	9			
	8						2	

	7				2			4
	5			7	3			
		8	6					
						9		
7		6		4		2		5
8					7		9	
	2	3			9	6		
	1			6	4		8	

	5							
			9				7	
		9	6				2	3
		7					1	9
8	1						3	7
					8			
	9				2		5	
		3		1		2	6	
6		1		3				

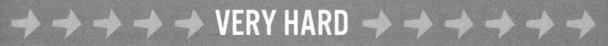

	8			1			2	4
3			8		9			
		6			3		8	
8	1				7	9	3	
	4						1	
					8			7
5		9						6
			9	3				
						2		

		6		3	5	8		
8								4
		3					8	
2	8				9			
7			6			1		
				5			6	
	9	5	7		3			
	2		9	8	4	5		

		6		4			7	1
1	2		3			5	9	
3					7			
5		1		3		9		6
			1	2		8		
	9	2						
			4	8				
8						1		

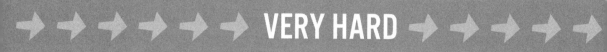

9	1			6				
		2		4	3		1	
	8		5			6		9
					9	7	8	4
	5			1				
		7			4			1
						9		
				9				
3					8		7	

	8	5			9		4	
7			1			9	6	
9	3		7		4			
	1	8		6				4
			3					
	4		9		5			
	5	2					8	
				7				
					3			

								4
3				5				
						1	8	6
9	2						5	
	8							
7		6	3			2		
				9			6	1
	9				8			
		7	6	2	1	8		9

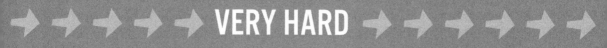

3			7		5		8	
	7	6			3	2		5
		9	6				3	7
		7	5			1		2
4				3				
		2						
			4				7	
					6		9	3

		1					5	
		9	6	3	8			
		4						3
	3			4		8	9	
2							1	5
	8				4	7		
	2			5		1		8
	1			7				9

			4		8	5		2
7						8		
		8	6	9			3	
1	9		7	2				
3							5	
		4	8					
		6	9				1	4
5	7	1						

			5					
						4		7
		4	3			2	1	
3		6						
5					9	1		6
		1		2		9		
		8						
	3				2	6		8
1			9		6	7		

VERY HARD

	4		7				1	6
8			2	9				3
	7	2						8
				2		6	3	
							2	
1				7				5
			9		6			
	8	9		5		4		2

	2		7			9		
			2				4	
	4		9	5	1		6	
	1		8		6	2		
7				4	5			3
		5					9	
4		7						
						4		
							1	7

		2	1	4				9
4								7
1		9						6
	8	4			1			2
		7		9		1		
			8		6		5	
					2	7		
	9			5				
8			3					

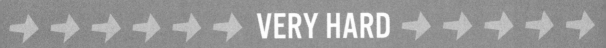

	6					9		
		9			8		2	7
		5						8
	7				3			1
3			9					
8		4		2				5
				1	2		5	
						1	4	3
					6			2

		8	7	6		2		
4					2			6
			1		3	4	8	5
			6					2
2	7				5			4
		3	8			1		
	2							
	1							
				5			9	

4							3	5
7				9	3			1
1			5				9	2
				6				
	5	1	8					3
	7	3			1			
				7		1		9
			9	8				
				2				

7			2	4	1		9	
				6		1		7
2		5			8			4
6		4		5		3		
			7				8	2
	6	1			5			
		7	4					
	2							

	9	3	6		5		2	
5				3			4	
		4		7		8		3
	3		4			7		
			2		7		8	
	4			6				
			5					
						5		
	7				3			1

			9					
5					7			
	9		8	5			3	
	3			7		4		
	4		6		5			
		6		3			2	8
	8						5	
					2	7	9	
7						2		1

7			3					
		9					7	3
					4	6		2
4							5	
8		5		9	2	4		
			5		1		6	
					3	1		
5		2	9	6				4

	4	6					1	
	1				8		5	
		5		9				
2								
7	1	3		6	9			
	9	2	8			6		
		6	4	2		3		
			3					
					5		2	

		9						
	1					7	2	
	3							
	7	4	9	5				
		2						
9	5		8	7				
				3			1	
		7	5		6		3	9
3				9		2		6

2	8	7		5		3		
			6	7		2		
6			9					4
	1				9			8
8				3	7	5	2	
						7		
	9	4						
		2	3					
						9		

2				1	5			
	3	8	2					
					7		2	
				8		3	6	
7		3	5					4
	9	4			2			
	8		9			7		3
		6		5			9	

VERY HARD

	3			7	4	8		
		5	6				1	7
		7	8			2		
7		2		4				
4	1			9	3			6
							2	
		6			7			8
3								
					3			

		3	6		5			
			9					
						8		3
3	1							
2					9			
7			4	1				2
		9					3	5
	2				4	1		7
			1		6		8	4

		7						
					7	2		
	6							4
		1			5	4		
	8		1					
3	2	4				9		
		2	4				8	3
		8	5		2			
	4		3		1	6		

		1				6	2	
6	8					7		
2			6				4	
7			3	1		8		
	1		4					
				9				4
	9				4		1	5
	5		8		3			

					1			7
			9					
		8						5
		9	4					
2						1	6	
					2	9	7	
3					7		2	
		2	6	9	3			
4	8	7	1					

		8				9		
					8			5
	5		7	9				4
				5			6	
3						2		
	9	2			4	3		1
	6							
9			8			1		
	7			6			4	

					9	6		
					2			
5		1						4
1							6	
			6			4	7	
	4			1		9		
				9	8			
6		8	7	3		2	1	
9							4	

			3		8		2	5
9	2				1		6	
					6		4	
	7						3	
2		4	5				8	
6						4		
	6					8		7
			9		5			
			2					

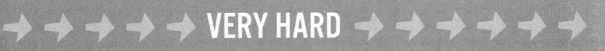

	3				4		8	
		5		3			1	
2		8			7	3		
3	6	7	8					5
	2		3					
9				5				
	5			2				9
					9			
								4

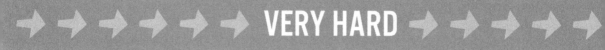

		6						2
4								
	3		8			5		
					6			7
3			9				6	
	5				3		8	9
				2				5
		7		4	9			
5		3		8	1			

					3	6		
1		4	2			9		
		6		1	9		7	
				2			8	
7			6			3		5
2	6	1						
	3					7		
	4						3	1

7	5			4		1		
3		1	5					
	2	8	3					9
						8	4	
9			7	6	8	3		
		5						
		6		5		7		
							2	4

8			1					
		3	6	4				
	3		5	1				7
7	2					9		
					6		5	
	9			7		8	6	
1		6			9			
		8				1	2	

			4				5	
	4						8	
6				2				
		8			3			
7	6				9	3		
		5			6			
					4		1	7
	1			8			9	
		9	7			8	6	

					3			
5				7				
		7	2	6				
		2			1		8	
	8				4	3		5
						4		
			7					
9	5			4		2		7
3		8				1	4	

					6		5	8
				4	1			
	9		5				3	1
4								
		1		6	7	8		9
		8	4	2		6		
	7					9		
9		3	7					

						5		
	3			6		9		
7		4					6	8
	9					8		
2			1		8			
1							3	2
						7	1	
			2				5	
4	5	1	6					

			5	1				
7	3		5	1				
4					7		6	
	1							
					6	3	8	7
3					5	6		9
			8			5		
1	4					2		
	5		2				4	

					2	7		
		7			3		6	
5								
						3		
	4		6	1			5	8
9								6
	2	4						
	9				5	1		3
		1	9	3			4	

							5	
								2
		5		2		9	7	
				7	8			6
3		9		6				
	1		5				8	
		7			4			8
8			2		9			5
9							3	

				3	1			
7			6		4			
			2				3	7
	4						5	3
	7					1		4
	9	6						8
		2	1				7	
8								5
		5				8		

			8					
				6	4			
	6					3		
4				1			7	
7	3		6			9		
	9			3		5	8	
8		6	2					
1								
		5				4	1	9

		6						
3	5							7
9			4		3			
5	6		8					
	7	1	2				8	3
	8		5	9		4	1	
			3	8				
				2		9		

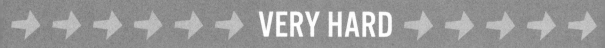

3		5					8	
	6			8				
			9			7		6
	2		8		5		6	
		9	4			3		
5	7					4		
7			1	2	4	5		
				3				

1				8			7	
		5	9			8		
8		6	5		7	3		
6		8					1	
					4		3	9
				3				5
		1		9				
		2						6
	5							

			5					4
2	3					8		
					2			
9	1		8			4		
				5	7		9	
8						2		6
	7	1			8			
5		9	4			3	8	

						6		2
								3
		1	9		7			
		6		9				
				4	6			9
	9			5		1		8
7					5		3	
	6	5				4		
4				2		7		

9			6				7	
7		3				2	5	
		5	3					8
	5		8	1				
2						8		
	7			2				6
	9			7	6		2	
4							1	

	4		9			7		
6					1		5	
2			7		6	9	8	
7	1			9				
					2		6	
		4				2		9
		7				8		
					4	1		
							4	

				9	1	2	3	
5				6			4	
3					5			
9	1			7				
	8		3					7
			6					4
	6	5					2	
	4				8		1	
				4				

		4				2	1	
			7			6	3	
6		7						
4			8					
		1		3			8	6
	3		6			5		
2					8			1
	6				9		7	8

			5					
		2		3		5	6	
3	5		6		8	4	2	
					2	7		1
	4		8					5
	1						9	
	6					2		
				7				9
5								

		7				6		1
	6		2	4			3	
9		3						2
	4	9			6	1		
	7			5		4		
				7			8	
			6		3			
		8				7		
								6

	5			7	1			
3					4		9	1
2							3	
		1		4			5	3
			1			6		
	8		2	3		9		
		6						2
	9							
4			6					

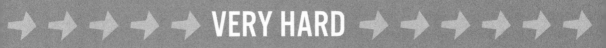

								2
					3			7
			8	6				
2								9
		1			7			
5		9	4	1				
8				4		7		5
1			7			6	8	
	6			5			4	

1		7		9				
	3					1		
		2				4	5	7
			8	6		5		9
4			2				1	
					7			
	9				4		6	
		1			6			
	5			3				

4	7	9			5	2		
	2		1					
6								4
7	3				4			
				2				8
				5		7	3	
				7		5		3
2				1		4		
		6						

2					9			
9					4	7	5	
4						3		
			8	1			9	
	9				6			2
	8		9				1	4
			3	5				7
6		7			8			

	8							4
		6	8	5				3
	7			4			1	
9	3		1			8	2	
4					7	1		
		5						
	5		4	9	8			
1					6			

			7				8	
	5							
6			8	3				
3								4
			6		1			3
9	2						7	
				7				
		2	5			4		
8	7	5	4		2			6

	4						8	
	5			6		9		
	8			3	9		2	
	6				3			8
	1			8		4		9
7							6	
				9	7			
		4				5	7	1

					1	2		8
	1		4			5		7
	2				8			3
		7		6	3			
9								
1	3		5				6	
	9	6		7				
						8		
4			1					

1								9
6		4				3		
			4		9	2		7
4		8			3		2	
		2		5				6
	6			2			9	
			7	8				5
						4	8	

							9	
			1					
	7		5			6		
3				9				2
		2	3			1		4
8		4						
					8			6
4		3		7				
		6			5	9	7	8

	3		5		2			8
					3	5	4	
	7			9	6		1	
1				4				9
8			3				2	
	2							3
				1				
3	9	5						
			6					

	9		7				8	2
					1	4		
7			3		9			
9				7				
		7		4				
			2		5		1	
8				2		5		
		2					3	
3	1		5					

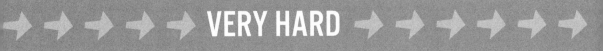

8	5	6						
			2		5	7		
7			1					4
	1		9					
		5			7			9
1	4					3	2	
							1	
					3	9	5	8

					5	7		
		1	2		6			8
		2	7				1	5
		7			9	4		
								6
		8		1		2		
4				3	8			
	7		9				3	

				4				
			7			9		
			1	8	6			
	5							
	4	3						
						7	2	6
	8		6			2		
7			8	9				
4	6			7		5	1	

								8
			7			3		
				1				
7					9			
		3			6	2	5	
2	6	5					7	
	4				5			
8						6	1	
		1	6		4	7		

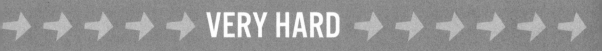

	7				6	3		
	9	4						
		2	7	4		6		5
5							9	
	1			8			7	
		6	5					
		9				2		3
					3		6	
						1		

3							1	
			5				6	7
7		2			8	4		
	3			4				
			7	1	5		3	
		8						
		9	6	8				
	5					2		
2				9				

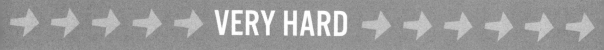

	5							
		4						
	6				7	3		
2		1			6	9		
			8		9	6		
						7		3
		7		2				8
4		2	3	5				6
6								

4	9			6	2			
	1				4		6	
		7						5
	3				9			
		8	2			6		7
			5		7		4	
		1						2
	2					3	9	

			9					
		8		6				3
	4	9		8				
			2			9		
8					3			
				5		7		6
1						6		
	9	4			2		1	
7	5				9			

8								7
		1			2		4	
						1		
		5	3					
7			9					3
	1			3	4	9	6	
	8	4	6				1	
5					1		2	

				6				
								3
4			9				5	
	2							
						1		5
		3	1	8	4			
	8			7				
5	3	6					7	9
	9	2		5				1

7								
	3				2	7		
					9			2
		2			1			
	7		9		2			6
		4			6	1	8	9
							6	
				4				8
		9		8			3	

9	6		4					
	8				5		7	1
		4			2	5		
8	9		6					7
		2					5	
7			3					
				4				
3				7			9	
					2			

		9	3				5	
		1	8				3	6
	6				2			7
	1			4				8
							1	
3		7		8		2		
				7	3			
						8	6	
4								

								6
	7		9			2		
		3		4				
						5	8	9
				6				
	9		5	1		4		
	2					7		
	1	6	8		2			
			4	3	1			

								2
		1						
	7	3				5		
4								
		9			8		6	1
	5				7			
6	4			5			8	
		8	9	2			3	
9			8				1	

			6					2
						7		
1		3						4
		7						
		4				2		5
6				4	3	8		
7	8		5				1	
5			7	6				
	3				2			

		4						6
7	5						3	4
			8		5		7	
	3					5	1	
8		2						
	6				1			9
			4		9			7
		1		5				2

5			7		8			
					9	4		
					6	1	5	9
		5	3		2	9		
6	4			1		7	3	
4	7							
	3							6
				9				

VERY HARD

1								
	2	5						4
			8					6
			4			2		8
								7
3			5				9	
	4		7	6				
				9	5			
6		9	2			3		

					6			
	2			4				
						9		3
4	7							
9			1				6	
			2		5			
	4				1			7
						3		8
	6	3	5				9	2

					9			
			8					3
	2					4		
		9					1	
		4						5
	7	3	6		2			
		5		7		3		6
9								1
	8			4			5	

	5			4				
3				6				
			9			7		
	1							
						4	6	
		9	7		2	8		
		3				6	9	
				7	1			4
		8	2			5		

page 5

8	7	9	3	5	1	6	4	2
2	1	6	4	8	7	3	5	9
4	3	5	6	9	2	8	1	7
7	8	4	1	2	6	5	9	3
5	9	3	8	7	4	1	2	6
6	2	1	9	3	5	7	8	4
9	6	7	2	1	8	4	3	5
3	5	8	7	4	9	2	6	1
1	4	2	5	6	3	9	7	8

page 6

6	5	3	2	1	8	7	9	4
4	9	2	3	7	6	5	1	8
1	7	8	9	4	5	6	2	3
2	1	5	6	8	3	9	4	7
7	8	9	1	2	4	3	6	5
3	4	6	5	9	7	2	8	1
9	6	7	4	5	1	8	3	2
8	3	1	7	6	2	4	5	9
5	2	4	8	3	9	1	7	6

page 7

4	7	8	2	3	9	1	6	5
1	2	5	8	7	6	3	4	9
3	6	9	4	1	5	2	8	7
9	4	7	3	5	2	6	1	8
8	3	1	6	9	7	5	2	4
2	5	6	1	4	8	7	9	3
5	8	4	7	6	1	9	3	2
7	1	3	9	2	4	8	5	6
6	9	2	5	8	3	4	7	1

page 8

2	5	4	6	3	8	1	7	9
3	7	9	5	1	2	4	6	8
8	1	6	9	7	4	2	5	3
1	6	3	8	9	7	5	4	2
9	4	5	1	2	3	7	8	6
7	8	2	4	5	6	3	9	1
6	2	1	7	4	9	8	3	5
4	3	8	2	6	5	9	1	7
5	9	7	3	8	1	6	2	4

page 9

7	3	4	6	9	5	2	1	8
2	8	6	7	1	3	9	5	4
5	9	1	4	2	8	3	6	7
4	7	3	1	8	9	5	2	6
8	1	2	5	6	4	7	9	3
6	5	9	3	7	2	4	8	1
9	2	7	8	3	1	6	4	5
3	4	8	9	5	6	1	7	2
1	6	5	2	4	7	8	3	9

page 10

8	4	5	3	7	2	1	9	6
9	7	1	4	6	8	3	2	5
2	3	6	9	5	1	7	4	8
5	1	9	2	8	7	6	3	4
7	6	2	5	3	4	9	8	1
3	8	4	1	9	6	5	7	2
6	2	7	8	1	3	4	5	9
1	9	8	7	4	5	2	6	3
4	5	3	6	2	9	8	1	7

page 11

5	9	8	4	3	6	2	7	1
3	6	1	9	7	2	8	4	5
2	7	4	5	8	1	9	6	3
4	3	9	6	2	7	1	5	8
8	2	7	1	5	9	4	3	6
1	5	6	8	4	3	7	9	2
6	8	3	7	1	4	5	2	9
7	1	2	3	9	5	6	8	4
9	4	5	2	6	8	3	1	7

page 12

7	8	5	2	6	3	4	9	1
9	6	1	7	4	5	2	3	8
2	4	3	8	9	1	7	5	6
3	9	6	4	2	8	5	1	7
1	5	7	9	3	6	8	2	4
8	2	4	1	5	7	3	6	9
5	3	9	6	8	4	1	7	2
4	7	2	3	1	9	6	8	5
6	1	8	5	7	2	9	4	3

page 13

8	3	6	2	5	9	7	1	4
2	7	5	1	3	4	8	9	6
9	4	1	7	8	6	3	5	2
7	9	2	8	6	1	4	3	5
5	1	3	4	2	7	6	8	9
6	8	4	3	9	5	1	2	7
4	5	7	9	1	3	2	6	8
1	6	8	5	4	2	9	7	3
3	2	9	6	7	8	5	4	1

page 14

9	6	5	3	4	1	7	8	2
1	8	3	7	2	9	4	6	5
7	4	2	8	5	6	3	1	9
3	2	1	4	9	7	8	5	6
6	5	8	2	1	3	9	7	4
4	9	7	6	8	5	2	3	1
8	1	4	5	7	2	6	9	3
2	3	9	1	6	8	5	4	7
5	7	6	9	3	4	1	2	8

page 15

7	3	1	2	4	5	9	6	8
4	8	9	6	1	7	3	5	2
6	2	5	8	9	3	4	7	1
8	7	4	1	3	6	2	9	5
2	9	3	5	7	8	1	4	6
1	5	6	9	2	4	8	3	7
3	1	8	7	6	9	5	2	4
5	4	7	3	8	2	6	1	9
9	6	2	4	5	1	7	8	3

page 16

9	1	6	5	4	8	7	3	2
7	5	3	6	9	2	1	8	4
4	8	2	1	7	3	6	9	5
1	9	5	8	6	4	2	7	3
2	3	4	9	1	7	5	6	8
6	7	8	2	3	5	4	1	9
5	2	7	3	8	1	9	4	6
3	4	9	7	5	6	8	2	1
8	6	1	4	2	9	3	5	7

page 17

6	3	4	9	5	2	8	1	7
8	5	7	3	1	4	9	6	2
1	9	2	6	8	7	4	5	3
2	1	9	5	3	8	7	4	6
4	8	3	7	2	6	1	9	5
7	6	5	4	9	1	2	3	8
3	7	1	2	6	9	5	8	4
5	2	8	1	4	3	6	7	9
9	4	6	8	7	5	3	2	1

page 18

2	5	6	3	7	9	1	8	4
9	3	4	6	8	1	2	7	5
8	1	7	5	2	4	9	3	6
6	4	5	7	1	3	8	9	2
7	8	9	4	5	2	6	1	3
1	2	3	9	6	8	5	4	7
5	7	8	1	3	6	4	2	9
4	6	1	2	9	7	3	5	8
3	9	2	8	4	5	7	6	1

page 19

8	5	7	9	3	1	4	2	6
9	3	4	6	7	2	5	1	8
6	1	2	8	4	5	9	3	7
1	9	3	5	6	8	7	4	2
5	2	8	4	1	7	3	6	9
7	4	6	3	2	9	8	5	1
2	6	5	7	8	4	1	9	3
3	8	9	1	5	6	2	7	4
4	7	1	2	9	3	6	8	5

page 20

9	8	7	2	1	3	6	5	4
3	5	6	4	9	7	2	8	1
1	2	4	8	5	6	7	9	3
2	4	8	7	3	9	1	6	5
7	9	1	6	8	5	3	4	2
6	3	5	1	2	4	8	7	9
8	7	9	3	4	2	5	1	6
4	6	2	5	7	1	9	3	8
5	1	3	9	6	8	4	2	7

page 21

5	2	4	1	9	8	7	3	6
6	1	3	4	2	7	9	5	8
7	8	9	5	3	6	4	2	1
4	9	1	6	8	2	3	7	5
2	3	7	9	1	5	8	6	4
8	5	6	3	7	4	1	9	2
1	6	5	7	4	3	2	8	9
9	7	2	8	6	1	5	4	3
3	4	8	2	5	9	6	1	7

page 22

5	7	6	9	8	3	1	4	2
4	3	8	2	1	6	7	9	5
2	1	9	4	5	7	3	6	8
9	8	5	7	3	1	4	2	6
6	2	3	5	4	9	8	1	7
1	4	7	6	2	8	5	3	9
8	5	2	1	6	4	9	7	3
3	9	4	8	7	2	6	5	1
7	6	1	3	9	5	2	8	4

page 23

9	3	1	8	5	7	2	6	4
7	6	2	1	4	3	5	9	8
4	8	5	6	9	2	3	1	7
6	4	9	2	3	5	8	7	1
8	2	7	4	1	9	6	3	5
1	5	3	7	8	6	9	4	2
3	9	4	5	7	8	1	2	6
5	1	6	9	2	4	7	8	3
2	7	8	3	6	1	4	5	9

page 24

9	1	6	5	4	2	3	8	7
7	8	5	3	1	6	9	4	2
2	3	4	8	9	7	5	1	6
1	6	8	4	5	9	7	2	3
4	2	3	6	7	1	8	9	5
5	7	9	2	8	3	4	6	1
6	9	7	1	3	8	2	5	4
8	4	2	7	6	5	1	3	9
3	5	1	9	2	4	6	7	8

page 25

1	3	8	7	9	2	5	6	4
5	2	4	6	8	1	7	9	3
7	9	6	5	3	4	1	2	8
6	7	9	4	2	8	3	5	1
4	8	5	1	6	3	9	7	2
3	1	2	9	7	5	4	8	6
8	4	1	2	5	7	6	3	9
9	5	3	8	1	6	2	4	7
2	6	7	3	4	9	8	1	5

page 26

7	2	4	6	8	9	1	3	5
3	6	5	1	4	2	8	7	9
9	8	1	5	3	7	6	2	4
6	7	9	8	5	3	2	4	1
2	1	3	7	9	4	5	6	8
4	5	8	2	6	1	3	9	7
8	9	7	3	2	5	4	1	6
1	3	6	4	7	8	9	5	2
5	4	2	9	1	6	7	8	3

page 27

9	7	6	1	3	5	2	4	8
8	4	2	7	9	6	1	5	3
5	3	1	2	4	8	6	9	7
4	1	7	8	6	3	9	2	5
3	9	8	5	2	1	7	6	4
6	2	5	9	7	4	8	3	1
2	6	4	3	1	7	5	8	9
7	8	3	6	5	9	4	1	2
1	5	9	4	8	2	3	7	6

page 28

3	6	8	1	7	5	4	2	9
5	4	9	2	3	6	1	8	7
7	2	1	9	8	4	5	6	3
1	3	2	5	9	7	6	4	8
8	9	5	6	4	2	3	7	1
6	7	4	3	1	8	9	5	2
4	8	3	7	5	1	2	9	6
9	5	6	8	2	3	7	1	4
2	1	7	4	6	9	8	3	5

page 29

2	9	6	4	3	1	8	5	7
5	1	8	2	7	6	9	3	4
7	4	3	5	8	9	2	6	1
8	7	4	6	2	3	1	9	5
9	5	1	7	4	8	3	2	6
3	6	2	1	9	5	7	4	8
6	2	7	9	1	4	5	8	3
1	8	5	3	6	2	4	7	9
4	3	9	8	5	7	6	1	2

page 30

7	3	6	8	9	5	1	4	2
4	8	5	3	2	1	7	6	9
9	2	1	6	4	7	3	8	5
2	4	9	1	7	6	5	3	8
1	7	3	4	5	8	2	9	6
5	6	8	9	3	2	4	1	7
8	1	7	5	6	3	9	2	4
3	9	2	7	8	4	6	5	1
6	5	4	2	1	9	8	7	3

page 31

2	5	7	6	4	8	9	1	3
6	9	1	5	2	3	7	8	4
4	8	3	1	9	7	5	2	6
3	1	9	7	8	5	4	6	2
5	4	6	2	3	9	8	7	1
7	2	8	4	1	6	3	5	9
8	6	4	9	7	2	1	3	5
9	7	5	3	6	1	2	4	8
1	3	2	8	5	4	6	9	7

page 32

1	7	9	2	3	6	4	5	8
8	4	5	9	1	7	2	3	6
3	2	6	5	8	4	7	9	1
2	5	7	6	4	9	8	1	3
9	8	3	1	2	5	6	7	4
6	1	4	8	7	3	5	2	9
7	9	8	3	6	2	1	4	5
4	3	1	7	5	8	9	6	2
5	6	2	4	9	1	3	8	7

page 33

9	5	7	6	3	2	4	1	8
4	8	6	7	1	5	9	3	2
1	2	3	8	9	4	7	5	6
3	6	9	1	4	7	8	2	5
7	1	5	2	8	6	3	9	4
8	4	2	3	5	9	6	7	1
6	3	4	9	2	1	5	8	7
2	7	8	5	6	3	1	4	9
5	9	1	4	7	8	2	6	3

page 34

9	5	7	4	3	8	6	2	1
2	8	1	9	6	5	7	4	3
3	6	4	7	2	1	8	5	9
6	4	8	3	5	9	1	7	2
5	1	3	2	4	7	9	6	8
7	9	2	1	8	6	4	3	5
1	3	5	6	9	4	2	8	7
8	7	6	5	1	2	3	9	4
4	2	9	8	7	3	5	1	6

page 35

8	5	7	3	2	9	4	6	1
3	6	4	1	5	8	9	2	7
2	1	9	7	6	4	8	3	5
6	3	2	8	7	1	5	9	4
7	4	5	2	9	6	1	8	3
1	9	8	4	3	5	2	7	6
4	8	3	6	1	2	7	5	9
9	7	1	5	8	3	6	4	2
5	2	6	9	4	7	3	1	8

page 36

5	1	6	9	8	4	2	3	7
4	2	3	7	1	5	9	6	8
8	7	9	3	6	2	5	4	1
1	4	5	6	2	7	8	9	3
6	9	8	5	3	1	4	7	2
2	3	7	4	9	8	1	5	6
3	5	2	8	7	9	6	1	4
9	6	1	2	4	3	7	8	5
7	8	4	1	5	6	3	2	9

page 37

6	1	9	3	2	4	7	5	8
7	2	5	8	1	9	4	3	6
8	3	4	7	5	6	1	9	2
9	4	6	5	8	7	2	1	3
3	8	1	6	9	2	5	7	4
2	5	7	4	3	1	8	6	9
1	7	8	9	4	3	6	2	5
5	6	3	2	7	8	9	4	1
4	9	2	1	6	5	3	8	7

page 38

4	1	7	2	8	6	3	5	9
6	3	2	9	5	4	7	1	8
5	8	9	3	7	1	6	4	2
9	7	8	1	4	3	5	2	6
1	6	5	7	2	9	4	8	3
3	2	4	5	6	8	1	9	7
2	4	3	8	1	7	9	6	5
7	5	1	6	9	2	8	3	4
8	9	6	4	3	5	2	7	1

page 39

1	2	5	6	9	3	8	4	7
7	6	4	8	5	2	3	9	1
8	3	9	1	7	4	2	5	6
3	8	1	7	6	5	9	2	4
6	5	2	9	4	1	7	3	8
4	9	7	2	3	8	6	1	5
5	7	6	3	1	9	4	8	2
9	1	8	4	2	7	5	6	3
2	4	3	5	8	6	1	7	9

page 40

8	4	3	1	6	5	2	7	9
9	5	1	2	7	3	6	8	4
6	2	7	9	8	4	5	3	1
4	3	2	6	5	1	8	9	7
5	7	8	3	4	9	1	6	2
1	9	6	7	2	8	4	5	3
2	1	9	8	3	6	7	4	5
3	6	5	4	1	7	9	2	8
7	8	4	5	9	2	3	1	6

page 41

5	7	3	6	4	2	1	9	8
2	9	8	3	1	7	4	6	5
4	6	1	5	9	8	7	3	2
7	1	5	8	2	6	9	4	3
3	4	9	7	5	1	2	8	6
6	8	2	9	3	4	5	7	1
1	3	7	4	6	5	8	2	9
9	5	4	2	8	3	6	1	7
8	2	6	1	7	9	3	5	4

page 42

8	6	2	7	5	4	9	1	3
5	1	3	8	9	6	4	2	7
7	4	9	3	1	2	6	8	5
2	5	6	9	4	1	3	7	8
9	7	8	6	3	5	2	4	1
4	3	1	2	8	7	5	6	9
6	2	5	1	7	3	8	9	4
1	8	4	5	6	9	7	3	2
3	9	7	4	2	8	1	5	6

page 43

3	2	4	1	5	6	8	7	9
9	8	1	4	3	7	2	5	6
7	5	6	2	9	8	1	3	4
6	9	3	8	7	2	5	4	1
4	1	5	3	6	9	7	8	2
2	7	8	5	1	4	9	6	3
8	4	7	9	2	3	6	1	5
1	6	9	7	4	5	3	2	8
5	3	2	6	8	1	4	9	7

page 44

4	7	8	1	5	9	3	2	6
6	1	3	2	7	4	9	5	8
2	9	5	3	8	6	1	4	7
8	3	7	4	2	5	6	1	9
1	5	2	9	6	3	7	8	4
9	6	4	7	1	8	2	3	5
5	2	1	6	4	7	8	9	3
7	8	9	5	3	2	4	6	1
3	4	6	8	9	1	5	7	2

page 45

8	6	3	4	9	1	7	5	2
9	7	5	3	6	2	4	8	1
1	4	2	8	5	7	9	3	6
5	8	9	2	1	6	3	7	4
7	2	1	5	4	3	6	9	8
4	3	6	7	8	9	1	2	5
6	1	8	9	7	5	2	4	3
3	9	4	6	2	8	5	1	7
2	5	7	1	3	4	8	6	9

page 46

6	1	5	4	8	3	2	9	7
7	9	4	5	1	2	3	6	8
2	3	8	7	9	6	5	1	4
4	2	9	1	6	8	7	3	5
3	5	1	9	2	7	8	4	6
8	6	7	3	5	4	1	2	9
9	8	2	6	3	5	4	7	1
1	7	3	8	4	9	6	5	2
5	4	6	2	7	1	9	8	3

page 47

7	5	1	6	3	4	9	8	2
2	9	8	5	7	1	6	4	3
4	6	3	2	9	8	1	5	7
5	3	6	9	8	7	2	1	4
8	2	4	3	1	5	7	6	9
1	7	9	4	6	2	5	3	8
3	4	5	1	2	9	8	7	6
6	8	2	7	5	3	4	9	1
9	1	7	8	4	6	3	2	5

page 48

3	4	2	7	6	1	9	5	8
1	5	8	3	4	9	7	2	6
6	7	9	5	8	2	4	3	1
8	3	6	4	7	5	2	1	9
9	1	7	6	2	3	5	8	4
5	2	4	1	9	8	6	7	3
2	8	1	9	5	4	3	6	7
4	6	5	8	3	7	1	9	2
7	9	3	2	1	6	8	4	5

page 49

2	6	3	9	5	8	7	4	1
1	8	5	6	7	4	9	2	3
7	4	9	1	2	3	5	8	6
3	1	4	7	8	9	6	5	2
6	7	2	5	3	1	4	9	8
9	5	8	2	4	6	3	1	7
8	3	1	4	9	7	2	6	5
5	9	7	8	6	2	1	3	4
4	2	6	3	1	5	8	7	9

page 50

4	9	3	2	6	5	7	1	8
8	5	7	1	3	4	6	9	2
1	6	2	8	9	7	4	5	3
7	2	1	9	8	6	3	4	5
5	8	4	7	2	3	9	6	1
6	3	9	4	5	1	2	8	7
2	1	6	5	7	9	8	3	4
3	4	8	6	1	2	5	7	9
9	7	5	3	4	8	1	2	6

page 51

6	1	3	2	8	9	7	5	4
2	4	7	6	5	1	3	8	9
8	5	9	3	4	7	1	6	2
1	9	6	5	3	2	4	7	8
5	3	4	9	7	8	2	1	6
7	2	8	1	6	4	9	3	5
3	7	5	4	9	6	8	2	1
9	8	1	7	2	5	6	4	3
4	6	2	8	1	3	5	9	7

page 52

8	2	9	3	6	4	1	5	7
6	7	5	1	9	8	3	4	2
4	3	1	5	2	7	6	8	9
1	6	3	2	8	5	7	9	4
7	5	8	6	4	9	2	1	3
2	9	4	7	3	1	8	6	5
5	8	7	9	1	2	4	3	6
9	4	6	8	7	3	5	2	1
3	1	2	4	5	6	9	7	8

page 53

2	6	4	7	5	1	9	8	3
7	8	5	9	3	6	2	4	1
1	3	9	2	4	8	7	6	5
5	7	3	1	2	4	6	9	8
6	9	8	5	7	3	1	2	4
4	1	2	6	8	9	5	3	7
8	2	1	3	9	5	4	7	6
9	4	6	8	1	7	3	5	2
3	5	7	4	6	2	8	1	9

page 54

5	9	8	7	2	3	6	4	1
6	1	2	8	9	4	3	5	7
4	7	3	1	5	6	2	8	9
8	4	7	2	1	9	5	3	6
3	2	1	5	6	8	9	7	4
9	5	6	3	4	7	1	2	8
1	8	4	6	3	2	7	9	5
7	3	5	9	8	1	4	6	2
2	6	9	4	7	5	8	1	3

page 55

9	7	3	4	1	6	5	2	8
5	2	8	9	3	7	1	6	4
1	6	4	5	2	8	9	3	7
2	8	1	7	5	9	3	4	6
3	4	5	6	8	1	7	9	2
7	9	6	2	4	3	8	5	1
4	5	7	8	9	2	6	1	3
6	3	9	1	7	4	2	8	5
8	1	2	3	6	5	4	7	9

page 56

2	6	3	9	8	7	4	1	5
8	5	9	6	1	4	7	3	2
1	7	4	2	3	5	8	6	9
9	4	6	3	2	1	5	8	7
5	2	8	7	4	6	3	9	1
3	1	7	8	5	9	2	4	6
4	3	1	5	6	2	9	7	8
6	9	5	4	7	8	1	2	3
7	8	2	1	9	3	6	5	4

page 57

1	5	8	9	2	6	7	4	3
4	2	7	5	1	3	9	6	8
3	9	6	4	8	7	2	1	5
7	6	9	2	3	4	5	8	1
5	3	1	7	9	8	4	2	6
8	4	2	6	5	1	3	9	7
6	1	4	3	7	9	8	5	2
2	8	3	1	4	5	6	7	9
9	7	5	8	6	2	1	3	4

page 58

1	3	9	5	6	7	8	2	4
7	8	4	1	3	2	9	5	6
2	6	5	9	8	4	1	3	7
3	5	2	8	4	1	6	7	9
9	4	8	7	2	6	5	1	3
6	7	1	3	9	5	2	4	8
4	2	7	6	5	8	3	9	1
8	1	3	2	7	9	4	6	5
5	9	6	4	1	3	7	8	2

page 59

5	2	7	6	8	9	1	3	4
1	8	9	7	3	4	6	5	2
6	3	4	5	1	2	7	8	9
8	4	5	1	2	7	9	6	3
7	9	6	3	4	8	5	2	1
2	1	3	9	5	6	4	7	8
3	7	8	4	9	5	2	1	6
4	5	1	2	6	3	8	9	7
9	6	2	8	7	1	3	4	5

page 60

4	2	1	3	5	6	9	8	7
7	5	8	4	9	1	2	3	6
6	9	3	8	2	7	5	1	4
2	8	4	7	1	5	6	9	3
5	6	9	2	4	3	8	7	1
3	1	7	9	6	8	4	2	5
8	7	2	5	3	4	1	6	9
9	4	6	1	7	2	3	5	8
1	3	5	6	8	9	7	4	2

page 61

1	3	2	6	8	5	9	7	4
4	7	9	3	1	2	6	8	5
6	5	8	4	9	7	3	1	2
8	6	1	5	4	3	7	2	9
2	4	7	8	6	9	5	3	1
3	9	5	2	7	1	4	6	8
7	2	6	9	5	8	1	4	3
5	1	3	7	2	4	8	9	6
9	8	4	1	3	6	2	5	7

page 62

4	7	5	3	6	9	8	1	2
8	3	1	2	5	7	4	9	6
6	9	2	4	8	1	5	3	7
7	2	9	6	1	4	3	8	5
5	1	8	7	3	2	6	4	9
3	4	6	5	9	8	7	2	1
2	8	3	1	7	5	9	6	4
1	6	7	9	4	3	2	5	8
9	5	4	8	2	6	1	7	3

page 63

3	7	6	1	2	5	9	8	4
9	1	2	4	3	8	7	5	6
8	4	5	7	6	9	1	2	3
5	3	8	6	7	2	4	9	1
4	9	1	5	8	3	2	6	7
6	2	7	9	4	1	5	3	8
2	6	9	3	1	7	8	4	5
7	8	4	2	5	6	3	1	9
1	5	3	8	9	4	6	7	2

page 64

1	3	4	8	6	5	2	9	7
6	9	2	3	7	4	1	8	5
7	8	5	9	2	1	4	6	3
2	5	3	6	1	9	8	7	4
8	1	9	5	4	7	6	3	2
4	7	6	2	3	8	9	5	1
9	4	7	1	5	6	3	2	8
5	2	8	4	9	3	7	1	6
3	6	1	7	8	2	5	4	9

page 65

7	8	9	5	3	2	1	6	4
1	6	5	7	4	9	8	3	2
3	2	4	8	6	1	9	7	5
4	3	8	9	1	5	6	2	7
2	9	7	6	8	4	5	1	3
5	1	6	2	7	3	4	8	9
8	4	1	3	9	7	2	5	6
6	5	3	4	2	8	7	9	1
9	7	2	1	5	6	3	4	8

page 66

2	8	9	4	5	3	1	7	6
7	5	6	9	1	8	3	4	2
1	3	4	7	6	2	9	8	5
3	2	5	8	7	6	4	9	1
8	4	1	5	3	9	2	6	7
6	9	7	2	4	1	5	3	8
4	6	3	1	2	7	8	5	9
9	7	2	3	8	5	6	1	4
5	1	8	6	9	4	7	2	3

page 67

3	8	4	2	6	7	9	1	5
1	9	5	8	4	3	7	2	6
6	2	7	5	9	1	4	3	8
8	4	9	1	2	5	6	7	3
2	7	1	6	3	4	8	5	9
5	3	6	7	8	9	1	4	2
7	6	8	3	1	2	5	9	4
9	5	3	4	7	6	2	8	1
4	1	2	9	5	8	3	6	7

page 68

5	9	2	4	8	7	3	6	1
6	4	3	2	5	1	8	9	7
7	1	8	3	6	9	4	2	5
4	6	9	5	1	8	2	7	3
1	2	5	7	3	4	6	8	9
3	8	7	6	9	2	5	1	4
2	5	4	1	7	6	9	3	8
9	3	1	8	2	5	7	4	6
8	7	6	9	4	3	1	5	2

page 69

6	5	1	7	9	8	4	3	2
9	4	7	2	6	3	5	1	8
3	2	8	4	1	5	6	9	7
7	1	2	5	8	4	3	6	9
8	9	3	1	7	6	2	5	4
4	6	5	3	2	9	7	8	1
1	8	4	6	5	7	9	2	3
2	3	6	9	4	1	8	7	5
5	7	9	8	3	2	1	4	6

page 70

6	4	5	7	1	8	9	3	2
2	9	3	6	5	4	1	7	8
8	7	1	3	9	2	4	5	6
1	5	9	4	2	6	3	8	7
3	2	6	1	8	7	5	9	4
4	8	7	5	3	9	6	2	1
7	1	8	9	4	5	2	6	3
9	3	2	8	6	1	7	4	5
5	6	4	2	7	3	8	1	9

page 71

3	9	6	4	8	5	2	1	7
7	5	8	3	2	1	6	4	9
4	1	2	6	7	9	8	3	5
8	2	9	5	1	4	3	7	6
6	3	7	2	9	8	1	5	4
5	4	1	7	3	6	9	2	8
1	7	4	8	6	3	5	9	2
2	6	3	9	5	7	4	8	1
9	8	5	1	4	2	7	6	3

page 72

2	3	4	9	1	7	6	8	5
1	6	9	8	5	3	2	4	7
7	5	8	4	6	2	9	1	3
5	2	1	3	4	6	7	9	8
4	9	6	5	7	8	3	2	1
8	7	3	2	9	1	4	5	6
3	1	5	6	2	9	8	7	4
9	8	7	1	3	4	5	6	2
6	4	2	7	8	5	1	3	9

page 73

4	2	9	1	3	5	8	6	7
7	8	6	2	4	9	3	5	1
5	3	1	8	6	7	2	4	9
3	4	8	9	5	2	7	1	6
1	5	7	6	8	3	9	2	4
9	6	2	7	1	4	5	8	3
6	7	4	3	2	8	1	9	5
8	9	5	4	7	1	6	3	2
2	1	3	5	9	6	4	7	8

page 74

3	9	2	7	1	5	8	6	4
1	4	6	2	8	3	5	9	7
5	8	7	4	9	6	2	1	3
8	6	1	3	2	9	7	4	5
7	5	9	6	4	8	3	2	1
2	3	4	5	7	1	9	8	6
4	1	5	8	3	2	6	7	9
9	2	3	1	6	7	4	5	8
6	7	8	9	5	4	1	3	2

page 75

7	5	1	6	4	3	9	8	2
3	2	6	5	9	8	4	1	7
8	9	4	2	1	7	3	5	6
6	7	2	8	3	5	1	9	4
5	1	9	7	6	4	2	3	8
4	8	3	1	2	9	6	7	5
9	4	5	3	8	6	7	2	1
1	6	8	9	7	2	5	4	3
2	3	7	4	5	1	8	6	9

page 76

7	9	5	1	4	6	2	8	3
4	2	1	8	3	5	9	6	7
3	8	6	7	2	9	5	1	4
1	3	7	9	8	4	6	5	2
6	5	2	3	1	7	4	9	8
8	4	9	6	5	2	3	7	1
5	6	3	4	7	1	8	2	9
9	1	4	2	6	8	7	3	5
2	7	8	5	9	3	1	4	6

page 77

3	2	7	9	4	1	6	8	5
6	5	1	3	2	8	4	9	7
8	4	9	5	7	6	2	3	1
2	9	3	1	6	4	5	7	8
4	6	8	7	3	5	1	2	9
1	7	5	8	9	2	3	4	6
7	1	2	4	5	9	8	6	3
5	3	6	2	8	7	9	1	4
9	8	4	6	1	3	7	5	2

page 78

3	5	1	6	8	9	2	4	7
9	4	2	3	7	5	6	1	8
6	8	7	2	1	4	9	5	3
4	7	5	9	6	2	3	8	1
8	2	3	5	4	1	7	6	9
1	6	9	8	3	7	5	2	4
7	9	8	1	5	6	4	3	2
2	3	6	4	9	8	1	7	5
5	1	4	7	2	3	8	9	6

page 79

2	1	8	9	6	7	5	3	4
5	6	4	2	3	8	1	9	7
7	3	9	5	4	1	6	8	2
9	8	2	4	7	5	3	6	1
3	5	6	1	2	9	7	4	8
4	7	1	3	8	6	2	5	9
1	2	3	6	9	4	8	7	5
8	9	5	7	1	3	4	2	6
6	4	7	8	5	2	9	1	3

page 80

1	5	8	7	2	6	3	4	9
4	9	3	5	1	8	2	7	6
6	7	2	3	9	4	8	1	5
5	3	7	9	4	2	6	8	1
9	1	6	8	7	3	4	5	2
2	8	4	6	5	1	7	9	3
3	6	5	4	8	9	1	2	7
8	2	9	1	3	7	5	6	4
7	4	1	2	6	5	9	3	8

page 81

9	4	6	5	7	3	8	2	1
5	3	2	8	1	6	9	7	4
8	7	1	9	4	2	5	3	6
7	9	5	3	6	4	1	8	2
6	2	3	1	8	9	7	4	5
4	1	8	2	5	7	6	9	3
1	5	4	7	2	8	3	6	9
3	6	7	4	9	1	2	5	8
2	8	9	6	3	5	4	1	7

page 82

2	4	8	3	5	7	9	1	6
9	1	5	6	2	8	4	7	3
3	7	6	1	9	4	2	8	5
8	2	9	4	7	3	5	6	1
5	6	7	8	1	9	3	4	2
1	3	4	2	6	5	7	9	8
6	5	3	9	4	1	8	2	7
7	9	2	5	8	6	1	3	4
4	8	1	7	3	2	6	5	9

page 83

2	1	4	6	8	9	5	7	3
6	7	5	2	3	4	9	8	1
3	8	9	5	7	1	2	6	4
4	2	3	7	6	5	1	9	8
8	5	6	9	1	2	3	4	7
1	9	7	8	4	3	6	5	2
7	6	2	1	5	8	4	3	9
5	3	1	4	9	7	8	2	6
9	4	8	3	2	6	7	1	5

page 84

7	1	4	2	6	8	3	9	5
3	8	5	9	4	1	7	6	2
2	6	9	7	5	3	8	1	4
9	4	3	1	2	5	6	7	8
8	5	6	4	9	7	2	3	1
1	2	7	8	3	6	4	5	9
4	3	8	6	1	9	5	2	7
6	9	2	5	7	4	1	8	3
5	7	1	3	8	2	9	4	6

page 85

1	2	5	6	8	3	4	7	9
6	3	7	5	4	9	8	2	1
8	4	9	7	2	1	5	6	3
4	9	6	8	5	2	3	1	7
5	1	8	3	6	7	2	9	4
2	7	3	9	1	4	6	5	8
3	8	2	1	9	6	7	4	5
9	5	4	2	7	8	1	3	6
7	6	1	4	3	5	9	8	2

page 86

6	7	5	8	3	1	9	2	4
9	8	4	7	2	6	1	3	5
1	2	3	9	5	4	7	6	8
2	3	7	4	1	5	6	8	9
4	9	6	3	8	2	5	7	1
8	5	1	6	9	7	2	4	3
3	1	9	2	7	8	4	5	6
7	4	8	5	6	9	3	1	2
5	6	2	1	4	3	8	9	7

page 87

1	2	9	7	8	4	5	3	6
8	7	3	5	6	9	4	1	2
4	5	6	1	3	2	7	8	9
6	9	7	8	4	3	1	2	5
2	3	1	9	7	5	6	4	8
5	8	4	2	1	6	9	7	3
3	6	2	4	5	7	8	9	1
7	1	5	3	9	8	2	6	4
9	4	8	6	2	1	3	5	7

page 88

9	5	8	2	4	7	3	1	6
2	1	6	3	5	9	7	4	8
7	4	3	1	6	8	5	9	2
5	2	7	6	3	4	1	8	9
8	6	1	9	2	5	4	3	7
4	3	9	8	7	1	2	6	5
3	8	4	5	9	2	6	7	1
1	7	2	4	8	6	9	5	3
6	9	5	7	1	3	8	2	4

page 89

8	5	4	9	7	1	6	2	3
2	6	9	3	4	8	1	7	5
3	1	7	5	6	2	4	8	9
9	2	1	6	5	3	8	4	7
5	8	3	4	2	7	9	6	1
7	4	6	8	1	9	5	3	2
6	3	2	1	8	5	7	9	4
1	7	8	2	9	4	3	5	6
4	9	5	7	3	6	2	1	8

page 90

1	6	5	7	8	2	3	4	9
8	4	7	3	9	6	1	5	2
9	3	2	5	4	1	7	8	6
2	1	3	6	5	7	8	9	4
4	5	8	2	3	9	6	7	1
7	9	6	4	1	8	2	3	5
6	2	9	8	7	4	5	1	3
3	7	1	9	6	5	4	2	8
5	8	4	1	2	3	9	6	7

page 91

6	4	7	8	1	5	9	3	2
3	2	9	6	7	4	8	1	5
5	8	1	3	9	2	6	4	7
1	3	2	9	4	7	5	8	6
7	5	4	2	8	6	3	9	1
9	6	8	1	5	3	2	7	4
8	9	5	7	6	1	4	2	3
4	7	3	5	2	8	1	6	9
2	1	6	4	3	9	7	5	8

page 92

4	1	7	6	2	3	8	9	5
9	3	8	1	4	5	7	6	2
6	5	2	8	7	9	1	4	3
2	7	6	4	9	1	3	5	8
5	8	1	3	6	2	9	7	4
3	4	9	5	8	7	2	1	6
7	6	5	9	3	8	4	2	1
8	2	4	7	1	6	5	3	9
1	9	3	2	5	4	6	8	7

page 93

5	8	9	7	4	3	2	1	6
4	7	1	6	5	2	9	3	8
2	3	6	9	8	1	7	4	5
7	5	3	8	1	6	4	9	2
9	2	4	3	7	5	6	8	1
1	6	8	2	9	4	5	7	3
6	4	2	1	3	9	8	5	7
8	1	5	4	6	7	3	2	9
3	9	7	5	2	8	1	6	4

page 94

4	5	3	7	1	6	9	8	2
6	8	1	4	2	9	3	5	7
7	9	2	8	3	5	6	1	4
3	2	4	1	9	7	8	6	5
9	7	5	6	4	8	2	3	1
1	6	8	3	5	2	7	4	9
5	3	7	9	6	4	1	2	8
2	1	9	5	8	3	4	7	6
8	4	6	2	7	1	5	9	3

page 95

4	2	5	6	7	8	3	1	9
8	3	7	4	1	9	6	5	2
1	6	9	2	5	3	4	8	7
9	4	6	3	8	1	7	2	5
5	7	2	9	6	4	8	3	1
3	8	1	5	2	7	9	6	4
6	9	3	1	4	5	2	7	8
2	5	8	7	9	6	1	4	3
7	1	4	8	3	2	5	9	6

page 96

2	4	7	6	5	9	3	1	8
3	1	8	7	4	2	5	6	9
5	9	6	8	3	1	2	7	4
9	7	1	3	6	5	4	8	2
4	8	2	9	1	7	6	5	3
6	5	3	4	2	8	1	9	7
7	3	4	5	9	6	8	2	1
8	2	5	1	7	4	9	3	6
1	6	9	2	8	3	7	4	5

page 97

8	6	5	3	7	4	1	2	9
2	1	9	6	5	8	4	7	3
7	3	4	9	2	1	8	6	5
3	5	8	4	9	6	2	1	7
6	7	2	1	3	5	9	8	4
4	9	1	7	8	2	3	5	6
5	8	3	2	4	7	6	9	1
9	2	6	5	1	3	7	4	8
1	4	7	8	6	9	5	3	2

page 98

3	7	1	8	2	4	6	5	9
6	4	9	5	1	3	7	2	8
8	5	2	7	9	6	3	1	4
1	3	6	9	8	5	4	7	2
5	8	7	4	6	2	9	3	1
2	9	4	1	3	7	8	6	5
4	1	3	2	7	9	5	8	6
9	6	8	3	5	1	2	4	7
7	2	5	6	4	8	1	9	3

page 99

3	9	7	2	4	1	5	8	6
8	6	5	3	7	9	4	1	2
2	1	4	8	5	6	3	9	7
6	5	3	4	9	7	8	2	1
1	2	8	6	3	5	7	4	9
4	7	9	1	2	8	6	3	5
5	3	2	7	1	4	9	6	8
9	4	6	5	8	2	1	7	3
7	8	1	9	6	3	2	5	4

page 100

1	6	5	2	7	9	3	4	8
4	3	9	8	5	6	7	1	2
8	2	7	1	4	3	5	6	9
2	5	6	3	9	4	1	8	7
9	1	8	7	6	2	4	3	5
7	4	3	5	1	8	2	9	6
3	7	4	6	8	5	9	2	1
6	9	1	4	2	7	8	5	3
5	8	2	9	3	1	6	7	4

page 101

5	1	6	4	7	2	8	3	9
3	4	9	1	8	6	5	7	2
2	8	7	9	3	5	1	4	6
1	5	4	2	6	9	3	8	7
7	3	2	5	4	8	9	6	1
9	6	8	7	1	3	2	5	4
6	9	1	3	5	4	7	2	8
4	2	5	8	9	7	6	1	3
8	7	3	6	2	1	4	9	5

page 102

5	2	8	6	4	1	7	3	9
3	9	1	5	7	2	8	6	4
6	7	4	3	9	8	5	1	2
2	6	5	8	3	9	4	7	1
4	8	7	1	5	6	9	2	3
1	3	9	7	2	4	6	8	5
7	4	6	2	1	5	3	9	8
9	1	3	4	8	7	2	5	6
8	5	2	9	6	3	1	4	7

page 103

6	1	9	5	8	7	3	2	4
2	3	4	6	9	1	5	8	7
7	8	5	3	4	2	6	1	9
1	9	2	8	3	4	7	6	5
3	6	7	2	5	9	8	4	1
5	4	8	7	1	6	9	3	2
9	7	1	4	6	3	2	5	8
4	5	6	9	2	8	1	7	3
8	2	3	1	7	5	4	9	6

page 104

8	9	1	2	5	7	3	6	4
6	3	7	1	4	9	8	2	5
2	5	4	6	8	3	9	7	1
4	2	9	7	6	5	1	8	3
1	6	3	9	2	8	5	4	7
7	8	5	4	3	1	2	9	6
9	7	6	5	1	2	4	3	8
3	1	2	8	7	4	6	5	9
5	4	8	3	9	6	7	1	2

page 105

1	4	5	9	2	6	3	8	7
6	7	8	5	3	1	4	2	9
9	3	2	4	8	7	6	5	1
3	6	1	7	4	8	5	9	2
8	9	4	3	5	2	1	7	6
5	2	7	6	1	9	8	3	4
2	5	3	1	7	4	9	6	8
4	8	9	2	6	5	7	1	3
7	1	6	8	9	3	2	4	5

page 106

7	5	4	1	3	9	8	2	6
2	6	8	4	7	5	3	1	9
9	3	1	2	6	8	5	7	4
3	1	2	6	9	7	4	5	8
8	7	5	3	4	1	6	9	2
4	9	6	8	5	2	1	3	7
6	2	9	5	8	3	7	4	1
5	8	7	9	1	4	2	6	3
1	4	3	7	2	6	9	8	5

page 107

7	3	6	5	8	1	4	2	9
4	5	9	2	6	7	3	8	1
8	2	1	4	9	3	6	7	5
6	4	5	7	3	8	1	9	2
3	1	2	9	4	5	7	6	8
9	7	8	1	2	6	5	4	3
5	6	7	8	1	9	2	3	4
2	9	3	6	5	4	8	1	7
1	8	4	3	7	2	9	5	6

page 108

2	1	6	5	3	7	9	8	4
8	7	4	6	2	9	3	5	1
3	9	5	1	8	4	7	2	6
6	8	3	7	4	1	5	9	2
5	4	9	3	6	2	1	7	8
7	2	1	9	5	8	6	4	3
1	3	2	4	9	5	8	6	7
4	5	7	8	1	6	2	3	9
9	6	8	2	7	3	4	1	5

page 109

6	9	4	8	5	3	7	1	2
8	5	2	1	6	7	4	9	3
3	1	7	2	4	9	6	8	5
5	4	1	3	2	8	9	7	6
9	7	6	4	1	5	3	2	8
2	8	3	7	9	6	5	4	1
1	2	5	6	7	4	8	3	9
4	3	9	5	8	1	2	6	7
7	6	8	9	3	2	1	5	4

page 110

8	3	5	4	2	6	7	1	9
7	6	9	1	5	3	2	8	4
4	2	1	7	9	8	5	3	6
1	7	6	5	8	9	4	2	3
3	9	4	2	6	7	1	5	8
5	8	2	3	1	4	6	9	7
2	4	7	8	3	1	9	6	5
6	5	8	9	7	2	3	4	1
9	1	3	6	4	5	8	7	2

page 111

2	9	6	4	3	7	1	5	8
3	8	1	2	6	5	9	4	7
4	7	5	1	9	8	2	3	6
8	5	2	9	1	4	7	6	3
9	1	7	3	8	6	5	2	4
6	4	3	7	5	2	8	9	1
1	2	4	6	7	9	3	8	5
7	6	8	5	2	3	4	1	9
5	3	9	8	4	1	6	7	2

page 112

6	8	9	2	3	5	1	7	4
7	4	1	9	8	6	5	2	3
3	5	2	1	4	7	6	8	9
8	3	6	5	1	9	2	4	7
1	2	4	3	7	8	9	5	6
9	7	5	6	2	4	3	1	8
4	6	3	8	5	1	7	9	2
5	9	8	7	6	2	4	3	1
2	1	7	4	9	3	8	6	5

page 113

3	2	8	7	9	1	5	6	4
1	4	5	3	2	6	7	9	8
7	6	9	4	8	5	3	1	2
4	8	3	1	7	2	9	5	6
5	7	6	9	4	3	8	2	1
9	1	2	6	5	8	4	7	3
8	9	7	2	6	4	1	3	5
6	3	4	5	1	9	2	8	7
2	5	1	8	3	7	6	4	9

page 114

3	5	9	1	4	7	2	6	8
8	6	4	2	3	9	1	7	5
1	2	7	5	6	8	9	3	4
7	1	2	4	8	6	5	9	3
4	9	8	3	7	5	6	1	2
5	3	6	9	1	2	8	4	7
6	7	1	8	5	4	3	2	9
2	8	3	7	9	1	4	5	6
9	4	5	6	2	3	7	8	1

page 115

1	9	6	3	2	4	7	8	5
5	7	8	9	1	6	2	4	3
2	4	3	7	5	8	1	6	9
8	6	2	5	7	3	4	9	1
4	1	5	2	6	9	3	7	8
7	3	9	8	4	1	6	5	2
9	5	4	6	3	2	8	1	7
3	8	1	4	9	7	5	2	6
6	2	7	1	8	5	9	3	4

page 116

9	6	3	7	4	2	1	5	8
8	2	5	3	1	9	6	4	7
4	1	7	6	8	5	2	3	9
2	4	1	9	5	3	7	8	6
7	8	6	1	2	4	5	9	3
5	3	9	8	7	6	4	2	1
6	5	8	2	9	1	3	7	4
1	7	4	5	3	8	9	6	2
3	9	2	4	6	7	8	1	5

page 117

5	9	6	4	7	1	8	2	3
7	2	1	9	8	3	5	4	6
8	3	4	6	2	5	7	1	9
2	1	8	5	9	6	4	3	7
6	4	3	8	1	7	2	9	5
9	5	7	3	4	2	6	8	1
3	7	9	2	6	4	1	5	8
1	8	2	7	5	9	3	6	4
4	6	5	1	3	8	9	7	2

page 118

5	8	1	6	9	3	2	7	4
2	7	6	1	5	4	3	8	9
4	3	9	7	8	2	5	1	6
3	4	2	5	6	1	7	9	8
7	1	5	9	2	8	4	6	3
6	9	8	3	4	7	1	5	2
8	5	3	2	7	9	6	4	1
1	6	4	8	3	5	9	2	7
9	2	7	4	1	6	8	3	5

page 119

4	9	5	7	3	8	1	2	6
2	1	6	4	9	5	7	3	8
3	8	7	2	1	6	5	4	9
6	7	8	5	2	4	3	9	1
9	5	3	1	8	7	4	6	2
1	2	4	3	6	9	8	7	5
7	6	9	8	5	3	2	1	4
8	4	1	9	7	2	6	5	3
5	3	2	6	4	1	9	8	7

page 120

3	6	4	1	8	7	2	5	9
5	8	7	2	9	6	1	4	3
1	2	9	5	3	4	7	8	6
7	9	2	3	6	8	4	1	5
4	3	8	9	1	5	6	2	7
6	5	1	4	7	2	9	3	8
8	1	5	6	2	9	3	7	4
2	7	6	8	4	3	5	9	1
9	4	3	7	5	1	8	6	2

page 121

4	1	9	2	7	5	8	6	3
6	5	2	4	8	3	1	9	7
7	8	3	1	9	6	2	5	4
9	4	1	3	5	2	7	8	6
5	7	8	6	4	9	3	2	1
2	3	6	7	1	8	5	4	9
3	2	4	8	6	1	9	7	5
8	9	7	5	3	4	6	1	2
1	6	5	9	2	7	4	3	8

page 122

9	7	5	3	2	6	4	1	8
1	6	3	5	8	4	2	9	7
2	4	8	1	9	7	3	5	6
5	3	7	2	6	9	8	4	1
8	2	4	7	1	3	9	6	5
6	9	1	8	4	5	7	3	2
4	1	9	6	7	8	5	2	3
7	5	2	4	3	1	6	8	9
3	8	6	9	5	2	1	7	4

page 123

6	4	3	7	9	5	2	8	1
1	9	2	6	8	3	4	5	7
7	5	8	4	1	2	6	3	9
3	1	7	2	4	8	9	6	5
8	6	4	9	5	7	1	2	3
5	2	9	3	6	1	7	4	8
4	7	1	8	3	6	5	9	2
9	3	5	1	2	4	8	7	6
2	8	6	5	7	9	3	1	4

page 124

1	3	6	7	8	2	5	4	9
7	9	5	3	4	1	8	2	6
4	8	2	5	9	6	3	7	1
5	7	9	2	6	4	1	3	8
3	1	4	8	7	9	2	6	5
6	2	8	1	5	3	4	9	7
9	5	7	4	2	8	6	1	3
2	6	3	9	1	5	7	8	4
8	4	1	6	3	7	9	5	2

page 125

4	8	6	9	5	7	2	1	3
2	5	3	1	6	4	7	9	8
7	9	1	8	3	2	4	5	6
6	4	5	7	9	1	3	8	2
3	2	9	6	8	5	1	7	4
1	7	8	2	4	3	9	6	5
8	6	4	3	7	9	5	2	1
9	3	2	5	1	6	8	4	7
5	1	7	4	2	8	6	3	9

page 126

5	6	2	4	8	9	1	7	3
7	4	1	2	5	3	9	6	8
8	9	3	1	7	6	5	4	2
4	2	7	9	3	1	8	5	6
1	5	8	6	2	7	4	3	9
6	3	9	5	4	8	7	2	1
9	8	4	7	6	2	3	1	5
2	1	5	3	9	4	6	8	7
3	7	6	8	1	5	2	9	4

page 127

2	5	9	6	8	4	7	3	1
6	8	7	1	3	5	2	9	4
3	4	1	9	2	7	5	8	6
5	7	8	2	4	1	9	6	3
9	1	6	7	5	3	4	2	8
4	2	3	8	6	9	1	5	7
8	6	4	5	7	2	3	1	9
1	3	5	4	9	8	6	7	2
7	9	2	3	1	6	8	4	5

page 128

3	2	1	8	7	9	6	5	4
5	6	7	4	1	2	8	3	9
8	9	4	6	5	3	7	1	2
1	3	2	7	9	4	5	8	6
9	8	5	3	2	6	4	7	1
4	7	6	5	8	1	2	9	3
2	5	9	1	4	8	3	6	7
7	4	3	9	6	5	1	2	8
6	1	8	2	3	7	9	4	5

page 129

7	1	2	9	5	8	3	6	4
6	4	9	7	2	3	1	5	8
8	5	3	4	1	6	9	2	7
4	9	5	2	3	7	8	1	6
1	7	8	6	4	5	2	3	9
2	3	6	8	9	1	7	4	5
9	2	7	3	6	4	5	8	1
3	6	1	5	8	9	4	7	2
5	8	4	1	7	2	6	9	3

page 130

8	7	1	3	6	2	9	4	5
4	5	6	9	1	7	3	8	2
9	2	3	8	5	4	6	7	1
3	6	8	1	4	5	7	2	9
7	9	4	2	3	6	5	1	8
2	1	5	7	8	9	4	3	6
1	4	7	5	9	8	2	6	3
5	3	2	6	7	1	8	9	4
6	8	9	4	2	3	1	5	7

page 131

5	2	9	1	6	7	4	3	8
6	3	8	9	4	5	1	7	2
4	1	7	8	2	3	5	9	6
1	5	3	6	8	2	7	4	9
8	7	4	5	9	1	6	2	3
9	6	2	3	7	4	8	5	1
7	8	6	4	3	9	2	1	5
2	9	1	7	5	8	3	6	4
3	4	5	2	1	6	9	8	7

page 132

5	2	9	4	1	7	8	3	6
8	1	3	2	5	6	9	7	4
4	7	6	8	9	3	2	5	1
6	4	1	5	2	8	3	9	7
3	5	7	6	4	9	1	8	2
9	8	2	3	7	1	6	4	5
7	3	8	1	6	5	4	2	9
1	9	4	7	3	2	5	6	8
2	6	5	9	8	4	7	1	3

page 133

7	2	1	6	9	4	3	8	5
4	5	6	8	2	3	7	1	9
3	9	8	5	1	7	4	6	2
8	6	2	9	3	1	5	7	4
5	7	3	4	6	8	9	2	1
1	4	9	7	5	2	6	3	8
2	8	7	3	4	9	1	5	6
6	3	4	1	8	5	2	9	7
9	1	5	2	7	6	8	4	3

page 134

4	5	1	2	7	6	9	3	8
8	7	9	4	3	1	5	6	2
6	3	2	8	9	5	7	1	4
9	8	6	5	4	3	1	2	7
7	4	3	1	2	8	6	9	5
1	2	5	9	6	7	4	8	3
3	6	4	7	8	9	2	5	1
5	9	7	3	1	2	8	4	6
2	1	8	6	5	4	3	7	9

page 135

4	8	9	3	6	7	1	5	2
5	3	6	2	4	1	8	7	9
1	7	2	9	8	5	6	3	4
3	9	8	6	2	4	7	1	5
2	5	7	1	9	3	4	6	8
6	1	4	7	5	8	2	9	3
8	4	1	5	3	6	9	2	7
9	6	5	4	7	2	3	8	1
7	2	3	8	1	9	5	4	6

page 136

1	7	6	3	2	4	5	8	9
5	9	4	7	6	8	3	1	2
3	2	8	9	1	5	6	4	7
8	5	2	6	9	1	4	7	3
6	4	3	5	8	7	9	2	1
9	1	7	4	3	2	8	5	6
2	3	5	1	4	6	7	9	8
7	6	1	8	5	9	2	3	4
4	8	9	2	7	3	1	6	5

page 137

3	8	6	7	9	5	2	1	4
5	7	2	1	3	4	6	8	9
4	1	9	6	8	2	3	7	5
6	2	8	3	5	1	4	9	7
7	5	4	2	6	9	8	3	1
9	3	1	4	7	8	5	2	6
8	4	3	5	1	7	9	6	2
1	6	5	9	2	3	7	4	8
2	9	7	8	4	6	1	5	3

page 138

2	6	4	8	9	7	1	5	3
5	7	1	2	3	6	8	9	4
3	8	9	5	4	1	7	6	2
4	1	8	7	2	9	5	3	6
7	2	6	3	5	8	9	4	1
9	3	5	6	1	4	2	8	7
8	4	7	9	6	2	3	1	5
6	5	2	1	8	3	4	7	9
1	9	3	4	7	5	6	2	8

page 139

1	8	7	4	9	6	2	3	5
9	3	4	5	2	8	1	7	6
5	2	6	1	7	3	9	4	8
8	9	2	7	6	4	5	1	3
4	5	1	3	8	2	6	9	7
7	6	3	9	1	5	4	8	2
6	4	8	2	3	9	7	5	1
3	7	5	6	4	1	8	2	9
2	1	9	8	5	7	3	6	4

page 140

```
5 1 8 3 9 4 6 7 2
2 9 4 6 7 5 1 3 8
7 6 3 2 1 8 5 9 4
6 8 7 4 5 9 2 1 3
1 3 5 7 2 6 8 4 9
4 2 9 8 3 1 7 5 6
3 7 6 5 4 2 9 8 1
9 4 2 1 8 7 3 6 5
8 5 1 9 6 3 4 2 7
```

page 141

```
2 4 5 9 3 1 7 8 6
6 9 8 2 7 4 5 3 1
7 3 1 8 6 5 9 2 4
9 5 2 6 8 7 4 1 3
3 7 4 1 2 9 8 6 5
1 8 6 4 5 3 2 7 9
4 6 7 5 1 8 3 9 2
5 2 3 7 9 6 1 4 8
8 1 9 3 4 2 6 5 7
```

page 142

```
2 4 6 3 7 9 1 5 8
5 8 1 2 4 6 3 9 7
9 7 3 1 8 5 4 6 2
1 2 5 8 6 7 9 3 4
3 6 7 9 1 4 2 8 5
4 9 8 5 3 2 6 7 1
7 5 2 6 9 1 8 4 3
6 3 4 7 2 8 5 1 9
8 1 9 4 5 3 7 2 6
```

page 143

```
6 5 1 7 3 2 4 9 8
9 2 4 5 8 1 7 6 3
3 7 8 4 9 6 1 2 5
1 6 2 9 4 3 5 8 7
5 8 9 1 2 7 3 4 6
4 3 7 8 6 5 9 1 2
2 9 6 3 5 4 8 7 1
8 1 3 6 7 9 2 5 4
7 4 5 2 1 8 6 3 9
```

page 144

```
7 9 5 3 8 2 4 1 6
2 6 1 4 7 5 8 9 3
4 8 3 1 9 6 5 7 2
5 4 8 6 2 7 9 3 1
9 2 7 8 1 3 6 4 5
1 3 6 5 4 9 7 2 8
8 1 9 2 5 4 3 6 7
6 5 4 7 3 1 2 8 9
3 7 2 9 6 8 1 5 4
```

page 145

```
1 2 6 9 5 4 3 8 7
5 7 8 2 6 3 4 1 9
4 3 9 1 8 7 5 6 2
3 8 2 5 1 9 7 4 6
6 5 7 3 4 2 8 9 1
9 4 1 8 7 6 2 5 3
2 1 4 6 3 8 9 7 5
7 9 5 4 2 1 6 3 8
8 6 3 7 9 5 1 2 4
```

page 146

```
8 3 5 2 7 9 6 1 4
1 9 6 5 8 4 7 3 2
7 4 2 1 6 3 9 8 5
9 6 4 3 1 2 8 5 7
3 2 7 6 5 8 1 4 9
5 1 8 9 4 7 2 6 3
4 8 3 7 2 1 5 9 6
2 5 1 4 9 6 3 7 8
6 7 9 8 3 5 4 2 1
```

page 147

```
9 7 8 1 4 2 5 3 6
1 5 6 7 3 9 8 4 2
4 2 3 6 8 5 7 9 1
8 3 5 9 7 1 2 6 4
2 9 4 5 6 3 1 8 7
7 6 1 8 2 4 9 5 3
6 1 2 4 9 8 3 7 5
5 8 7 3 1 6 4 2 9
3 4 9 2 5 7 6 1 8
```

page 148

```
8 2 4 9 5 3 7 1 6
7 1 3 8 4 6 5 2 9
5 6 9 2 7 1 8 3 4
4 3 6 1 8 7 2 9 5
9 7 8 5 2 4 1 6 3
1 5 2 3 6 9 4 8 7
6 8 1 7 9 5 3 4 2
2 4 5 6 3 8 9 7 1
3 9 7 4 1 2 6 5 8
```

page 149

5	6	2	1	9	8	4	3	7
7	9	3	4	6	5	1	2	8
1	4	8	2	7	3	9	5	6
8	5	7	9	1	2	6	4	3
9	3	4	5	8	6	7	1	2
2	1	6	3	4	7	5	8	9
4	8	1	7	3	9	2	6	5
6	2	9	8	5	4	3	7	1
3	7	5	6	2	1	8	9	4

page 150

2	8	1	7	6	4	9	5	3
6	9	4	5	8	3	2	1	7
3	7	5	1	2	9	8	4	6
5	4	9	3	1	7	6	2	8
7	2	8	4	9	6	5	3	1
1	3	6	8	5	2	7	9	4
8	6	2	9	4	1	3	7	5
4	5	7	2	3	8	1	6	9
9	1	3	6	7	5	4	8	2

page 151

3	5	8	7	2	4	6	9	1
9	4	2	6	3	1	8	5	7
7	1	6	5	8	9	2	4	3
1	8	3	4	6	5	7	2	9
6	2	7	3	9	8	4	1	5
5	9	4	1	7	2	3	8	6
2	6	1	9	4	7	5	3	8
8	3	9	2	5	6	1	7	4
4	7	5	8	1	3	9	6	2

page 152

3	4	1	6	9	7	2	8	5
6	2	8	4	5	3	7	9	1
7	9	5	1	8	2	6	4	3
1	7	2	8	4	5	9	3	6
8	6	9	7	3	1	4	5	2
4	5	3	2	6	9	8	1	7
9	1	7	3	2	8	5	6	4
5	3	6	9	7	4	1	2	8
2	8	4	5	1	6	3	7	9

page 153

6	7	3	9	2	1	5	4	8
8	4	9	6	5	3	7	2	1
2	1	5	7	4	8	9	3	6
7	8	1	4	3	6	2	9	5
9	3	2	5	1	7	8	6	4
4	5	6	8	9	2	3	1	7
1	9	8	2	7	4	6	5	3
3	2	7	1	6	5	4	8	9
5	6	4	3	8	9	1	7	2

page 154

6	8	4	5	1	7	3	9	2
9	3	5	4	2	8	6	1	7
2	1	7	6	9	3	5	4	8
7	9	3	2	5	4	8	6	1
5	6	8	1	3	9	2	7	4
4	2	1	7	8	6	9	3	5
1	7	2	3	6	5	4	8	9
8	4	6	9	7	2	1	5	3
3	5	9	8	4	1	7	2	6

page 155

6	2	3	1	9	4	7	8	5
4	7	8	6	3	5	9	1	2
1	9	5	2	7	8	3	4	6
3	4	1	9	6	7	2	5	8
5	8	2	3	4	1	6	7	9
7	6	9	5	8	2	1	3	4
2	3	7	4	5	6	8	9	1
8	1	4	7	2	9	5	6	3
9	5	6	8	1	3	4	2	7

page 156

1	2	3	5	9	6	8	4	7
6	8	7	1	4	2	9	3	5
5	4	9	7	8	3	1	2	6
3	7	6	2	1	4	5	8	9
8	5	4	3	7	9	6	1	2
9	1	2	8	6	5	4	7	3
2	9	5	4	3	8	7	6	1
7	3	8	6	5	1	2	9	4
4	6	1	9	2	7	3	5	8

page 157

3	4	2	7	1	5	6	8	9
8	5	6	3	9	4	1	2	7
7	1	9	2	8	6	4	5	3
6	8	7	4	2	1	9	3	5
2	3	1	8	5	9	7	6	4
4	9	5	6	3	7	8	1	2
5	7	4	1	6	3	2	9	8
1	2	3	9	4	8	5	7	6
9	6	8	5	7	2	3	4	1

page 158

3	2	8	7	9	6	5	4	1
4	5	6	3	1	2	9	7	8
7	9	1	8	4	5	2	6	3
6	7	9	4	2	8	3	1	5
5	3	4	1	7	9	6	8	2
8	1	2	6	5	3	7	9	4
2	8	5	9	6	1	4	3	7
9	4	3	2	8	7	1	5	6
1	6	7	5	3	4	8	2	9

page 159

2	6	3	9	7	4	1	5	8
5	4	1	6	8	2	7	3	9
7	9	8	3	5	1	2	6	4
4	2	9	8	3	5	6	7	1
3	7	6	1	4	9	8	2	5
1	8	5	2	6	7	9	4	3
6	3	2	5	9	8	4	1	7
9	5	7	4	1	6	3	8	2
8	1	4	7	2	3	5	9	6

page 160

5	2	7	8	4	6	3	9	1
6	9	1	2	7	3	4	5	8
3	8	4	9	1	5	6	7	2
8	7	2	6	9	1	5	3	4
4	1	6	5	3	2	9	8	7
9	5	3	7	8	4	1	2	6
7	6	9	1	5	8	2	4	3
1	4	8	3	2	9	7	6	5
2	3	5	4	6	7	8	1	9

page 161

7	4	6	1	9	8	2	5	3
8	5	2	4	3	6	7	1	9
3	1	9	2	7	5	6	8	4
5	9	8	7	4	1	3	2	6
2	6	7	9	5	3	1	4	8
1	3	4	6	8	2	5	9	7
6	2	3	8	1	4	9	7	5
9	8	1	5	6	7	4	3	2
4	7	5	3	2	9	8	6	1

page 162

5	6	8	2	1	4	3	9	7
1	7	3	5	6	9	4	2	8
9	2	4	3	8	7	5	1	6
8	1	2	6	7	3	9	4	5
3	4	9	8	2	5	7	6	1
6	5	7	4	9	1	8	3	2
4	8	1	9	5	2	6	7	3
2	3	6	7	4	8	1	5	9
7	9	5	1	3	6	2	8	4

page 163

7	8	4	1	9	5	2	6	3
9	6	3	4	2	7	1	8	5
2	1	5	8	6	3	7	9	4
4	3	1	6	7	2	8	5	9
8	7	9	5	3	1	4	2	6
5	2	6	9	4	8	3	7	1
6	9	7	2	1	4	5	3	8
3	4	8	7	5	6	9	1	2
1	5	2	3	8	9	6	4	7

page 164

6	1	4	5	9	3	2	8	7
5	2	8	1	7	4	9	6	3
9	3	7	2	6	8	4	1	5
7	6	3	8	1	9	5	2	4
1	4	9	3	5	2	6	7	8
8	5	2	6	4	7	1	3	9
3	8	6	9	2	5	7	4	1
2	7	5	4	8	1	3	9	6
4	9	1	7	3	6	8	5	2

page 165

6	7	9	3	2	8	4	1	5
8	5	4	6	1	7	3	9	2
3	1	2	9	5	4	6	7	8
4	3	8	1	7	5	2	6	9
5	9	7	2	8	6	1	4	3
2	6	1	4	3	9	8	5	7
1	2	5	7	4	3	9	8	6
7	4	6	8	9	2	5	3	1
9	8	3	5	6	1	7	2	4

page 166

9	3	7	2	8	6	4	5	1
4	8	1	5	3	9	6	7	2
5	2	6	4	7	1	9	3	8
6	4	8	9	2	3	5	1	7
7	5	3	1	4	8	2	6	9
1	9	2	6	5	7	3	8	4
3	1	5	8	9	4	7	2	6
2	6	9	7	1	5	8	4	3
8	7	4	3	6	2	1	9	5

page 167

7	8	4	6	9	5	1	3	2
6	1	9	7	3	2	4	5	8
2	3	5	4	1	8	7	6	9
3	2	1	9	8	6	5	7	4
5	6	8	1	7	4	9	2	3
4	9	7	5	2	3	8	1	6
9	4	6	2	5	1	3	8	7
8	5	2	3	4	7	6	9	1
1	7	3	8	6	9	2	4	5

page 168

5	3	8	2	9	4	6	7	1
4	1	7	5	3	6	9	2	8
2	6	9	8	1	7	5	4	3
9	8	4	3	2	1	7	5	6
7	5	3	6	8	9	4	1	2
6	2	1	7	4	5	3	8	9
1	7	2	4	6	3	8	9	5
3	9	5	1	7	8	2	6	4
8	4	6	9	5	2	1	3	7

page 169

6	5	1	3	8	9	2	7	4
9	7	4	1	6	2	8	5	3
8	3	2	4	5	7	6	1	9
1	6	8	7	3	5	9	4	2
2	9	3	6	4	1	5	8	7
7	4	5	2	9	8	3	6	1
3	1	7	5	2	6	4	9	8
5	2	9	8	1	4	7	3	6
4	8	6	9	7	3	1	2	5

page 170

8	7	6	9	5	4	3	2	1
2	1	5	8	3	7	4	6	9
9	4	3	6	2	1	7	8	5
5	3	9	2	7	8	6	1	4
4	6	8	1	9	3	5	7	2
1	2	7	4	6	5	8	9	3
3	5	2	7	1	6	9	4	8
7	9	4	5	8	2	1	3	6
6	8	1	3	4	9	2	5	7

page 171

4	1	7	3	2	6	5	9	8
8	5	9	7	4	1	3	6	2
6	2	3	5	8	9	1	4	7
1	6	4	2	5	7	9	8	3
2	7	8	4	9	3	6	1	5
9	3	5	1	6	8	7	2	4
3	8	1	9	7	4	2	5	6
7	4	2	6	1	5	8	3	9
5	9	6	8	3	2	4	7	1

page 172

4	8	1	3	9	7	5	6	2
5	6	7	2	1	8	4	3	9
9	2	3	6	4	5	1	7	8
1	5	9	4	2	6	7	8	3
8	7	2	5	3	9	6	4	1
6	3	4	8	7	1	2	9	5
7	9	8	1	5	4	3	2	6
2	1	6	7	8	3	9	5	4
3	4	5	9	6	2	8	1	7

page 173

2	8	6	7	9	1	4	5	3
3	7	5	4	8	6	2	9	1
1	9	4	3	5	2	6	7	8
8	1	7	2	6	9	3	4	5
5	6	9	8	3	4	1	2	7
4	3	2	1	7	5	8	6	9
7	2	1	5	4	8	9	3	6
6	4	3	9	1	7	5	8	2
9	5	8	6	2	3	7	1	4

page 174

5	2	6	9	7	4	1	8	3
9	3	8	1	6	2	5	4	7
4	7	1	8	3	5	2	9	6
3	9	7	4	2	8	6	1	5
8	6	2	5	1	7	4	3	9
1	4	5	6	9	3	8	7	2
7	8	3	2	4	6	9	5	1
2	5	9	7	8	1	3	6	4
6	1	4	3	5	9	7	2	8

page 175

1	6	5	2	7	4	9	3	8
8	2	3	1	6	9	5	4	7
7	4	9	3	5	8	6	1	2
5	8	2	7	4	1	3	9	6
3	1	4	8	9	6	7	2	5
6	9	7	5	3	2	1	8	4
2	5	6	9	8	3	4	7	1
4	3	8	6	1	7	2	5	9
9	7	1	4	2	5	8	6	3

page 176

5	9	3	7	2	6	8	4	1
7	1	8	3	9	4	5	2	6
6	2	4	5	8	1	9	3	7
1	7	2	4	5	8	6	9	3
3	8	6	9	1	7	2	5	4
9	4	5	6	3	2	7	1	8
2	3	7	1	6	5	4	8	9
8	6	9	2	4	3	1	7	5
4	5	1	8	7	9	3	6	2

page 177

1	5	3	8	9	6	4	2	7
7	4	6	3	2	1	8	9	5
9	8	2	5	4	7	1	3	6
8	2	5	4	3	9	7	6	1
3	6	7	1	8	2	9	5	4
4	9	1	7	6	5	2	8	3
5	3	9	2	1	4	6	7	8
6	1	8	9	7	3	5	4	2
2	7	4	6	5	8	3	1	9

page 178

6	1	5	9	4	2	7	8	3
9	7	3	5	8	1	6	4	2
2	8	4	3	7	6	9	5	1
7	6	1	8	3	5	2	9	4
5	4	2	7	1	9	3	6	8
3	9	8	6	2	4	1	7	5
8	3	6	2	5	7	4	1	9
4	5	9	1	6	3	8	2	7
1	2	7	4	9	8	5	3	6

page 179

6	9	2	5	7	4	8	1	3
8	3	5	1	2	9	6	7	4
1	7	4	3	8	6	5	2	9
2	5	6	9	3	7	4	8	1
7	8	1	4	6	2	9	3	5
9	4	3	8	5	1	2	6	7
3	2	7	6	4	5	1	9	8
4	6	9	7	1	8	3	5	2
5	1	8	2	9	3	7	4	6

page 180

1	6	9	2	4	8	7	5	3
3	2	7	9	6	5	1	8	4
4	5	8	7	1	3	6	2	9
6	8	3	5	9	4	2	1	7
5	1	4	6	2	7	3	9	8
7	9	2	3	8	1	4	6	5
2	4	6	8	3	9	5	7	1
9	7	1	4	5	2	8	3	6
8	3	5	1	7	6	9	4	2

page 181

9	6	7	2	4	3	5	1	8
1	8	4	7	9	5	6	2	3
5	3	2	6	1	8	7	9	4
4	1	8	9	3	7	2	5	6
6	5	9	4	2	1	3	8	7
7	2	3	8	5	6	1	4	9
3	9	1	5	7	4	8	6	2
8	4	5	3	6	2	9	7	1
2	7	6	1	8	9	4	3	5

page 182

7	4	5	6	8	9	1	2	3
8	1	9	4	3	2	5	6	7
6	2	3	7	5	1	4	9	8
3	6	8	5	9	4	7	1	2
9	5	2	8	1	7	3	4	6
1	7	4	2	6	3	8	5	9
2	9	7	1	4	8	6	3	5
4	3	6	9	7	5	2	8	1
5	8	1	3	2	6	9	7	4

page 183

3	8	2	9	5	1	7	6	4
4	5	6	7	8	2	3	9	1
1	9	7	3	4	6	5	8	2
7	6	4	8	1	5	9	2	3
5	2	8	4	9	3	1	7	6
9	1	3	6	2	7	4	5	8
2	4	1	5	7	8	6	3	9
6	7	9	2	3	4	8	1	5
8	3	5	1	6	9	2	4	7

page 184

7	3	1	6	2	5	4	9	8
4	6	9	1	8	7	5	2	3
5	8	2	9	3	4	1	7	6
8	2	6	7	5	9	3	4	1
3	4	7	2	1	6	9	8	5
1	9	5	8	4	3	7	6	2
2	5	4	3	9	8	6	1	7
6	1	3	4	7	2	8	5	9
9	7	8	5	6	1	2	3	4

page 186

9	2	4	7	5	6	3	1	8
3	1	5	9	4	8	2	6	7
6	8	7	3	1	2	9	4	5
8	9	3	4	7	5	6	2	1
2	7	1	8	6	3	5	9	4
5	4	6	2	9	1	7	8	3
4	5	9	6	8	7	1	3	2
7	3	8	1	2	9	4	5	6
1	6	2	5	3	4	8	7	9

page 185

8	6	5	3	9	1	2	4	7
1	7	2	5	6	4	9	8	3
4	9	3	2	8	7	5	1	6
5	1	8	9	4	3	7	6	2
7	2	9	8	5	6	1	3	4
3	4	6	7	1	2	8	9	5
9	8	4	6	7	5	3	2	1
2	5	1	4	3	8	6	7	9
6	3	7	1	2	9	4	5	8

page 187

4	7	3	8	5	2	6	1	9
1	2	9	6	3	7	5	8	4
6	8	5	4	9	1	3	2	7
9	4	1	2	7	6	8	3	5
5	6	8	3	1	9	4	7	2
2	3	7	5	4	8	9	6	1
8	1	4	9	2	3	7	5	6
7	5	6	1	8	4	2	9	3
3	9	2	7	6	5	1	4	8

page 188

1	3	7	5	9	2	6	8	4
6	9	2	7	4	8	1	3	5
5	8	4	3	1	6	9	2	7
2	5	8	6	7	9	3	4	1
3	6	1	2	5	4	7	9	8
7	4	9	8	3	1	5	6	2
8	7	3	4	6	5	2	1	9
9	2	6	1	8	7	4	5	3
4	1	5	9	2	3	8	7	6

page 189

4	2	9	7	6	8	3	5	1
6	3	8	1	5	4	9	2	7
7	1	5	3	9	2	4	8	6
3	8	2	6	4	9	1	7	5
9	5	7	8	2	1	6	4	3
1	4	6	5	7	3	2	9	8
8	9	1	2	3	5	7	6	4
5	6	4	9	1	7	8	3	2
2	7	3	4	8	6	5	1	9

page 190

3	2	1	9	4	8	5	6	7
7	5	8	3	6	1	9	2	4
6	4	9	2	7	5	3	8	1
9	1	6	8	5	2	7	4	3
4	3	5	6	1	7	8	9	2
8	7	2	4	9	3	1	5	6
2	9	7	1	8	4	6	3	5
1	6	4	5	3	9	2	7	8
5	8	3	7	2	6	4	1	9

page 191

2	1	7	6	3	9	5	8	4
5	4	6	7	2	8	3	1	9
3	9	8	1	4	5	6	7	2
1	2	4	8	7	6	9	3	5
7	6	9	5	1	3	4	2	8
8	5	3	2	9	4	1	6	7
4	3	1	9	8	2	7	5	6
9	8	5	3	6	7	2	4	1
6	7	2	4	5	1	8	9	3

page 192

3	6	5	7	4	8	2	9	1
1	7	4	6	9	2	5	3	8
2	8	9	5	1	3	7	6	4
8	2	6	3	5	4	1	7	9
9	3	1	8	6	7	4	2	5
4	5	7	1	2	9	6	8	3
7	9	2	4	8	1	3	5	6
6	4	3	9	7	5	8	1	2
5	1	8	2	3	6	9	4	7

page 193

6	9	5	3	7	1	4	2	8
8	7	2	4	6	9	3	1	5
4	1	3	8	2	5	7	6	9
7	3	8	1	9	4	2	5	6
2	5	9	6	3	7	1	8	4
1	4	6	2	5	8	9	3	7
5	8	1	7	4	3	6	9	2
9	6	7	5	1	2	8	4	3
3	2	4	9	8	6	5	7	1

page 194

8	2	6	3	7	1	4	5	9
4	9	1	6	5	8	2	7	3
5	3	7	4	2	9	8	6	1
6	1	5	9	8	7	3	2	4
3	4	9	5	6	2	7	1	8
7	8	2	1	4	3	6	9	5
1	5	8	2	3	6	9	4	7
2	7	4	8	9	5	1	3	6
9	6	3	7	1	4	5	8	2

page 195

3	4	5	7	8	6	9	2	1
2	8	9	5	3	1	4	6	7
1	6	7	4	2	9	3	8	5
7	1	8	9	6	4	5	3	2
6	5	3	8	1	2	7	4	9
9	2	4	3	7	5	8	1	6
8	9	1	2	5	3	6	7	4
4	7	2	6	9	8	1	5	3
5	3	6	1	4	7	2	9	8

page 196

7	1	9	5	6	4	2	8	3
8	2	3	7	1	9	5	6	4
4	6	5	8	2	3	1	7	9
5	9	2	4	3	7	6	1	8
6	7	1	9	8	2	3	4	5
3	8	4	6	5	1	7	9	2
9	4	6	3	7	5	8	2	1
2	5	7	1	4	8	9	3	6
1	3	8	2	9	6	4	5	7

page 197

4	1	7	5	6	9	3	8	2
3	2	6	7	8	1	4	5	9
9	8	5	2	4	3	6	7	1
6	9	4	8	7	5	2	1	3
1	5	2	3	9	6	8	4	7
8	7	3	1	2	4	9	6	5
7	3	9	6	1	8	5	2	4
5	6	1	4	3	2	7	9	8
2	4	8	9	5	7	1	3	6

page 198

4	3	9	7	8	5	1	2	6
6	5	7	2	1	9	3	8	4
8	1	2	3	4	6	9	7	5
9	7	6	5	2	1	8	4	3
1	8	3	6	9	4	2	5	7
5	2	4	8	3	7	6	9	1
7	9	5	1	6	8	4	3	2
3	4	1	9	5	2	7	6	8
2	6	8	4	7	3	5	1	9

page 199

8	9	7	1	2	6	3	4	5
4	2	3	8	5	9	1	7	6
6	1	5	7	4	3	2	8	9
7	5	2	4	3	1	9	6	8
3	6	8	9	7	5	4	1	2
9	4	1	6	8	2	5	3	7
5	8	6	2	1	4	7	9	3
2	7	4	3	9	8	6	5	1
1	3	9	5	6	7	8	2	4

page 200

3	7	5	1	6	2	9	4	8
6	8	9	7	4	3	1	2	5
1	4	2	9	5	8	7	3	6
8	6	1	2	7	5	4	9	3
5	3	7	8	9	4	6	1	2
2	9	4	3	1	6	5	8	7
7	5	3	4	8	1	2	6	9
4	2	6	5	3	9	8	7	1
9	1	8	6	2	7	3	5	4

page 201

1	5	2	6	9	8	4	3	7
4	6	7	2	3	1	8	9	5
3	9	8	5	7	4	2	6	1
2	1	4	8	5	6	9	7	3
7	3	6	4	1	9	5	8	2
9	8	5	7	2	3	1	4	6
8	7	1	3	4	2	6	5	9
5	4	9	1	6	7	3	2	8
6	2	3	9	8	5	7	1	4

page 202

8	4	6	5	1	2	3	9	7
1	9	3	7	4	6	2	5	8
2	7	5	8	3	9	4	1	6
3	6	2	1	8	5	7	4	9
9	8	1	6	7	4	5	3	2
7	5	4	9	2	3	8	6	1
4	1	7	3	9	8	6	2	5
6	2	9	4	5	7	1	8	3
5	3	8	2	6	1	9	7	4

page 203

9	4	3	2	8	6	7	5	1
1	7	2	3	5	9	8	4	6
8	6	5	7	1	4	3	9	2
4	2	1	9	3	8	5	6	7
3	5	6	4	7	2	1	8	9
7	9	8	5	6	1	2	3	4
5	3	4	6	2	7	9	1	8
6	1	7	8	9	5	4	2	3
2	8	9	1	4	3	6	7	5

page 204

3	6	8	5	7	1	4	2	9
2	9	4	6	8	3	7	5	1
5	7	1	4	2	9	6	8	3
7	5	3	8	9	4	1	6	2
1	4	6	2	3	7	8	9	5
9	8	2	1	6	5	3	7	4
8	1	7	9	4	2	5	3	6
6	2	5	3	1	8	9	4	7
4	3	9	7	5	6	2	1	8

page 205

9	8	1	2	5	4	6	3	7
5	2	3	6	7	1	9	8	4
4	7	6	9	8	3	5	1	2
3	5	8	1	4	9	7	2	6
7	4	2	8	6	5	1	9	3
1	6	9	3	2	7	4	5	8
2	1	4	7	9	8	3	6	5
6	3	5	4	1	2	8	7	9
8	9	7	5	3	6	2	4	1

page 206

2	6	4	7	8	9	3	5	1
1	8	5	6	2	3	9	7	4
9	3	7	5	4	1	2	6	8
8	4	2	3	1	5	7	9	6
6	1	9	2	7	4	5	8	3
7	5	3	9	6	8	4	1	2
5	7	6	1	3	2	8	4	9
4	2	1	8	9	7	6	3	5
3	9	8	4	5	6	1	2	7

page 207

1	8	3	5	2	7	9	4	6
6	5	7	1	9	4	8	2	3
4	9	2	3	6	8	1	5	7
7	1	9	8	4	5	6	3	2
3	2	8	6	7	9	4	1	5
5	6	4	2	1	3	7	8	9
8	7	1	9	3	2	5	6	4
9	3	6	4	5	1	2	7	8
2	4	5	7	8	6	3	9	1

page 208

8	5	6	3	1	9	7	4	2
9	4	7	2	5	8	6	1	3
1	2	3	4	7	6	5	9	8
3	6	1	5	9	2	8	7	4
2	7	5	6	8	4	9	3	1
4	9	8	1	3	7	2	5	6
6	3	9	7	2	1	4	8	5
5	8	4	9	6	3	1	2	7
7	1	2	8	4	5	3	6	9

page 209

6	9	2	5	3	7	1	8	4
7	5	4	2	1	8	3	9	6
8	1	3	4	6	9	7	5	2
5	3	1	8	4	6	9	2	7
2	8	7	9	5	1	4	6	3
4	6	9	7	2	3	8	1	5
3	7	8	6	9	5	2	4	1
1	2	6	3	8	4	5	7	9
9	4	5	1	7	2	6	3	8

page 210

2	4	6	9	5	1	7	8	3
9	1	8	7	4	3	5	6	2
5	7	3	2	8	6	1	4	9
1	6	9	8	2	7	4	3	5
3	5	7	6	1	4	2	9	8
8	2	4	3	9	5	6	1	7
7	8	5	4	6	9	3	2	1
6	3	2	1	7	8	9	5	4
4	9	1	5	3	2	8	7	6

page 211

4	5	3	7	6	1	2	8	9
6	8	2	9	5	3	4	7	1
1	9	7	8	2	4	6	3	5
3	1	5	2	7	6	9	4	8
2	7	9	4	1	8	5	6	3
8	4	6	3	9	5	7	1	2
7	2	1	6	3	9	8	5	4
5	6	8	1	4	2	3	9	7
9	3	4	5	8	7	1	2	6

page 212

7	3	5	6	4	8	2	9	1
9	8	4	5	2	1	3	6	7
2	1	6	7	3	9	5	8	4
3	6	8	4	9	7	1	2	5
5	4	2	1	6	3	8	7	9
1	9	7	2	8	5	4	3	6
6	5	1	8	7	2	9	4	3
4	2	3	9	1	6	7	5	8
8	7	9	3	5	4	6	1	2

page 213

3	5	8	4	2	7	1	9	6
6	4	7	1	9	3	8	5	2
1	2	9	8	6	5	4	3	7
2	6	4	5	1	8	3	7	9
9	3	1	2	7	6	5	8	4
7	8	5	3	4	9	2	6	1
4	9	3	6	8	1	7	2	5
8	7	2	9	5	4	6	1	3
5	1	6	7	3	2	9	4	8

page 214

4	7	1	3	2	6	8	9	5
8	9	5	1	4	7	3	2	6
2	6	3	5	9	8	1	4	7
5	2	7	4	8	3	6	1	9
3	8	6	2	1	9	7	5	4
1	4	9	7	6	5	2	3	8
6	5	8	9	3	1	4	7	2
9	3	4	8	7	2	5	6	1
7	1	2	6	5	4	9	8	3

page 215

1	5	6	3	4	8	9	7	2
8	7	2	1	5	9	4	6	3
3	9	4	6	7	2	1	5	8
5	6	9	2	3	7	8	4	1
7	4	8	9	1	5	3	2	6
2	1	3	8	6	4	7	9	5
9	3	5	7	8	6	2	1	4
6	2	1	4	9	3	5	8	7
4	8	7	5	2	1	6	3	9

page 216

5	8	3	7	9	2	4	1	6
1	7	6	5	3	4	8	2	9
9	4	2	8	6	1	7	3	5
7	3	1	4	5	6	9	8	2
2	9	8	1	7	3	6	5	4
6	5	4	2	8	9	1	7	3
4	6	5	3	1	7	2	9	8
8	1	9	6	2	5	3	4	7
3	2	7	9	4	8	5	6	1

page 217

6	4	9	3	2	7	1	5	8
8	7	3	1	5	6	2	4	9
5	1	2	8	9	4	7	6	3
3	2	5	7	6	9	8	1	4
1	9	6	4	3	8	5	7	2
4	8	7	5	1	2	9	3	6
2	5	1	6	8	3	4	9	7
9	3	4	2	7	5	6	8	1
7	6	8	9	4	1	3	2	5

page 218

3	6	4	9	5	1	8	7	2
2	5	7	8	6	4	9	1	3
1	9	8	7	3	2	5	6	4
8	3	6	2	1	9	4	5	7
5	2	1	4	7	6	3	9	8
7	4	9	3	8	5	6	2	1
4	8	5	1	9	7	2	3	6
9	7	3	6	2	8	1	4	5
6	1	2	5	4	3	7	8	9

page 219

7	3	1	5	4	2	9	6	8
4	9	5	3	6	8	1	7	2
6	2	8	7	9	1	3	5	4
5	8	3	1	7	6	4	2	9
1	6	4	8	2	9	7	3	5
2	7	9	4	5	3	6	8	1
3	5	6	9	8	4	2	1	7
8	4	2	6	1	7	5	9	3
9	1	7	2	3	5	8	4	6

page 220

3	4	7	1	5	6	2	8	9
8	9	2	4	3	7	6	1	5
6	5	1	8	2	9	4	3	7
9	1	6	3	7	8	5	4	2
7	3	4	2	1	5	8	9	6
2	8	5	9	6	4	1	7	3
5	2	9	7	4	1	3	6	8
1	6	8	5	9	3	7	2	4
4	7	3	6	8	2	9	5	1

page 221

1	6	4	7	8	3	2	9	5
7	9	8	5	4	2	3	1	6
2	5	3	1	9	6	4	7	8
4	1	6	8	3	7	9	5	2
5	3	9	2	1	4	8	6	7
8	7	2	9	6	5	1	4	3
6	4	1	3	7	8	5	2	9
9	8	5	6	2	1	7	3	4
3	2	7	4	5	9	6	8	1

page 222

1	5	8	3	9	4	6	2	7
9	6	7	1	8	2	3	5	4
2	4	3	7	6	5	8	1	9
4	3	9	5	1	6	2	7	8
6	1	2	8	3	7	9	4	5
8	7	5	2	4	9	1	3	6
3	9	6	4	5	1	7	8	2
5	2	1	6	7	8	4	9	3
7	8	4	9	2	3	5	6	1

page 223

5	4	6	1	7	2	8	9	3
7	1	8	9	6	3	5	2	4
9	2	3	4	8	5	7	6	1
8	7	5	2	3	1	9	4	6
4	3	2	6	9	7	1	8	5
6	9	1	8	5	4	3	7	2
2	5	4	7	1	9	6	3	8
3	6	7	5	2	8	4	1	9
1	8	9	3	4	6	2	5	7

page 224

6	4	9	2	1	8	7	5	3
2	8	5	9	7	3	6	1	4
1	7	3	6	5	4	8	9	2
4	9	2	8	3	5	1	6	7
8	1	6	4	2	7	9	3	5
3	5	7	1	6	9	4	2	8
9	2	8	3	4	1	5	7	6
5	3	1	7	8	6	2	4	9
7	6	4	5	9	2	3	8	1

page 225

8	7	4	9	1	2	6	5	3
1	3	6	4	5	7	9	2	8
9	5	2	6	3	8	1	4	7
6	8	7	1	2	3	4	9	5
2	4	9	5	7	6	8	3	1
5	1	3	8	9	4	7	6	2
4	9	5	2	8	1	3	7	6
7	2	1	3	6	9	5	8	4
3	6	8	7	4	5	2	1	9

page 226

9	4	2	3	1	7	5	6	8
1	6	7	2	5	8	3	9	4
3	8	5	4	9	6	1	7	2
6	1	9	7	8	2	4	3	5
7	5	4	9	3	1	8	2	6
8	2	3	5	6	4	7	1	9
5	3	8	6	7	9	2	4	1
2	9	1	8	4	3	6	5	7
4	7	6	1	2	5	9	8	3

page 227

6	8	4	1	2	9	7	5	3
7	2	5	6	3	8	1	4	9
1	9	3	5	7	4	8	6	2
9	3	7	8	1	5	4	2	6
2	5	6	9	4	7	3	8	1
8	4	1	3	6	2	9	7	5
5	1	8	7	9	6	2	3	4
4	6	9	2	8	3	5	1	7
3	7	2	4	5	1	6	9	8

page 228

6	4	9	1	8	2	5	3	7
7	3	5	9	6	4	8	2	1
2	8	1	7	3	5	4	6	9
9	7	3	2	4	6	1	8	5
1	6	4	8	5	9	3	7	2
8	5	2	3	7	1	6	9	4
3	1	8	4	9	7	2	5	6
4	9	6	5	2	8	7	1	3
5	2	7	6	1	3	9	4	8

page 229

6	7	9	8	2	1	5	4	3
4	1	3	6	5	9	8	2	7
2	5	8	4	7	3	6	9	1
8	3	1	5	9	6	4	7	2
9	2	5	1	4	7	3	8	6
7	4	6	3	8	2	9	1	5
3	9	7	2	6	4	1	5	8
5	6	4	7	1	8	2	3	9
1	8	2	9	3	5	7	6	4

page 230

7	4	6	5	3	9	2	8	1
1	8	5	6	2	7	9	3	4
2	3	9	4	1	8	7	6	5
3	6	2	7	9	1	4	5	8
4	5	8	3	6	2	1	9	7
9	7	1	8	5	4	3	2	6
8	2	7	9	4	5	6	1	3
5	1	3	2	7	6	8	4	9
6	9	4	1	8	3	5	7	2

page 231

2	6	5	7	3	4	9	8	1
8	9	7	1	2	6	4	5	3
1	4	3	8	9	5	2	6	7
9	5	6	3	4	2	1	7	8
3	2	1	9	8	7	6	4	5
4	7	8	5	6	1	3	2	9
7	1	4	2	5	9	8	3	6
6	8	9	4	7	3	5	1	2
5	3	2	6	1	8	7	9	4

page 232

7	3	4	1	6	8	9	2	5
6	5	9	2	4	7	8	1	3
1	2	8	5	9	3	4	6	7
2	8	3	9	1	5	7	4	6
5	4	7	8	2	6	3	9	1
9	6	1	7	3	4	2	5	8
8	1	5	4	7	2	6	3	9
4	7	6	3	5	9	1	8	2
3	9	2	6	8	1	5	7	4

page 233

8	9	4	1	7	5	6	2	3
2	5	7	4	3	6	1	9	8
3	6	1	2	9	8	5	7	4
6	8	9	5	4	3	2	1	7
1	2	5	9	8	7	4	3	6
7	4	3	6	2	1	8	5	9
4	7	2	8	1	9	3	6	5
5	3	8	7	6	2	9	4	1
9	1	6	3	5	4	7	8	2

page 234

6	7	1	3	5	8	4	2	9
2	5	4	9	1	6	8	3	7
8	9	3	7	4	2	1	5	6
4	1	8	5	9	7	2	6	3
3	6	9	8	2	1	7	4	5
5	2	7	6	3	4	9	8	1
7	3	6	4	8	9	5	1	2
9	4	2	1	6	5	3	7	8
1	8	5	2	7	3	6	9	4

page 235

7	9	4	5	2	8	3	1	6
1	5	6	9	7	3	8	4	2
2	8	3	4	6	1	9	7	5
5	7	1	8	3	4	2	6	9
9	6	2	7	1	5	4	8	3
3	4	8	6	9	2	7	5	1
6	3	5	2	4	7	1	9	8
8	1	7	3	5	9	6	2	4
4	2	9	1	8	6	5	3	7

page 236

3	8	9	4	1	5	6	2	7
5	1	6	2	9	7	4	8	3
4	7	2	3	6	8	5	9	1
2	9	8	5	7	1	3	6	4
7	6	3	9	2	4	1	5	8
1	5	4	8	3	6	9	7	2
6	3	7	1	5	2	8	4	9
9	4	5	7	8	3	2	1	6
8	2	1	6	4	9	7	3	5

page 237

8	1	4	5	2	3	6	9	7
3	6	9	4	1	7	8	2	5
2	7	5	6	9	8	1	4	3
5	4	2	1	8	6	3	7	9
9	3	6	2	7	4	5	8	1
7	8	1	3	5	9	2	6	4
4	5	8	9	3	2	7	1	6
6	2	3	7	4	1	9	5	8
1	9	7	8	6	5	4	3	2

page 238

8	5	6	4	9	1	7	2	3
2	4	7	8	6	3	5	1	9
9	1	3	5	2	7	4	6	8
3	8	4	6	1	5	9	7	2
1	9	2	7	8	4	3	5	6
6	7	5	2	3	9	8	4	1
7	6	9	1	4	8	2	3	5
5	3	1	9	7	2	6	8	4
4	2	8	3	5	6	1	9	7

page 239

2	6	9	8	3	1	7	5	4
7	4	8	6	2	5	3	1	9
3	1	5	4	7	9	2	8	6
5	8	1	2	4	6	9	7	3
9	7	6	3	5	8	4	2	1
4	2	3	9	1	7	8	6	5
1	5	2	7	9	3	6	4	8
8	9	4	5	6	2	1	3	7
6	3	7	1	8	4	5	9	2

page 240

7	3	9	1	5	2	8	4	6
2	6	8	9	7	4	5	3	1
5	1	4	8	6	3	2	7	9
3	7	2	5	4	1	6	9	8
8	9	5	7	3	6	4	1	2
6	4	1	2	9	8	7	5	3
4	2	6	3	1	5	9	8	7
1	5	7	6	8	9	3	2	4
9	8	3	4	2	7	1	6	5

page 241

2	8	4	5	9	6	3	1	7
7	1	6	3	2	4	8	5	9
3	9	5	1	7	8	6	2	4
1	6	9	4	5	7	2	3	8
4	3	8	2	1	9	5	7	6
5	2	7	6	8	3	4	9	1
9	7	3	8	6	2	1	4	5
8	4	1	9	3	5	7	6	2
6	5	2	7	4	1	9	8	3

page 242

7	5	9	4	6	3	2	1	8
6	4	8	2	7	1	5	9	3
3	1	2	9	5	8	4	6	7
1	7	6	8	3	2	9	4	5
5	9	3	7	4	6	8	2	1
2	8	4	1	9	5	3	7	6
9	3	1	6	8	4	7	5	2
8	6	7	5	2	9	1	3	4
4	2	5	3	1	7	6	8	9

page 243

9	5	1	2	4	3	7	6	8
2	4	8	6	7	9	3	1	5
6	7	3	8	1	5	9	4	2
5	1	2	4	9	7	8	3	6
7	8	9	3	5	6	1	2	4
3	6	4	1	8	2	5	9	7
8	3	6	5	2	1	4	7	9
1	9	5	7	6	4	2	8	3
4	2	7	9	3	8	6	5	1

page 244

9	8	2	5	6	4	3	7	1
6	4	1	8	3	7	9	2	5
7	3	5	2	9	1	6	4	8
2	9	3	7	8	5	1	6	4
1	5	6	4	2	9	8	3	7
8	7	4	3	1	6	2	5	9
5	1	8	6	7	3	4	9	2
4	6	9	1	5	2	7	8	3
3	2	7	9	4	8	5	1	6

page 245

8	7	1	9	3	6	4	2	5
9	4	6	2	8	5	1	7	3
5	2	3	4	1	7	8	9	6
6	5	7	8	2	9	3	4	1
4	8	2	1	7	3	5	6	9
1	3	9	5	6	4	2	8	7
7	1	4	6	5	2	9	3	8
2	6	8	3	9	1	7	5	4
3	9	5	7	4	8	6	1	2

page 246

7	3	4	6	1	8	5	2	9
1	9	2	3	5	4	6	7	8
6	8	5	9	2	7	4	3	1
3	2	7	8	4	1	9	5	6
5	4	9	2	7	6	8	1	3
8	1	6	5	3	9	7	4	2
4	6	1	7	9	2	3	8	5
2	5	8	4	6	3	1	9	7
9	7	3	1	8	5	2	6	4

page 247

5	1	6	9	4	2	3	7	8
9	7	3	8	5	1	2	6	4
2	8	4	7	3	6	5	1	9
7	3	2	5	1	8	9	4	6
1	6	9	3	7	4	8	5	2
4	5	8	6	2	9	7	3	1
3	4	1	2	8	7	6	9	5
8	9	5	4	6	3	1	2	7
6	2	7	1	9	5	4	8	3

page 248

8	7	5	1	2	6	4	3	9
2	3	6	7	4	9	8	5	1
1	9	4	3	5	8	6	2	7
6	2	8	5	9	7	3	1	4
7	1	3	6	8	4	2	9	5
5	4	9	2	3	1	7	6	8
4	6	2	9	7	5	1	8	3
9	8	1	4	6	3	5	7	2
3	5	7	8	1	2	9	4	6

page 249

4	2	9	6	1	5	3	8	7
8	1	3	9	7	2	5	4	6
7	5	6	4	8	3	2	1	9
6	8	4	3	5	9	7	2	1
2	7	1	8	6	4	9	3	5
9	3	5	7	2	1	8	6	4
3	9	7	2	4	6	1	5	8
1	6	2	5	9	8	4	7	3
5	4	8	1	3	7	6	9	2

page 250

3	2	4	1	5	8	9	7	6
9	8	6	4	3	7	2	1	5
7	1	5	9	2	6	3	4	8
4	9	7	2	1	5	8	6	3
5	6	2	7	8	3	1	9	4
8	3	1	6	9	4	5	2	7
1	7	8	3	4	2	6	5	9
6	5	9	8	7	1	4	3	2
2	4	3	5	6	9	7	8	1

page 251

4	6	8	1	7	5	3	9	2
3	9	1	2	6	8	7	4	5
7	2	5	3	9	4	8	1	6
9	4	6	8	5	1	2	3	7
8	3	7	4	2	6	9	5	1
5	1	2	7	3	9	6	8	4
2	7	4	9	1	3	5	6	8
6	8	9	5	4	7	1	2	3
1	5	3	6	8	2	4	7	9

page 252

5	1	2	9	4	3	6	8	7
6	3	7	2	8	1	5	9	4
8	4	9	7	6	5	1	3	2
9	6	1	8	2	7	4	5	3
4	2	8	5	3	9	7	1	6
7	5	3	6	1	4	9	2	8
1	8	4	3	5	6	2	7	9
2	7	6	1	9	8	3	4	5
3	9	5	4	7	2	8	6	1

page 253

4	1	5	8	7	6	3	2	9
6	2	9	3	4	5	1	8	7
8	3	7	2	9	1	6	4	5
2	4	8	6	5	3	9	7	1
1	9	3	7	8	4	5	6	2
7	5	6	1	2	9	4	3	8
5	7	4	9	3	2	8	1	6
3	8	1	5	6	7	2	9	4
9	6	2	4	1	8	7	5	3

page 254

8	3	6	1	4	7	5	2	9
9	2	4	6	5	8	1	3	7
7	1	5	9	2	3	4	6	8
5	4	9	8	3	1	6	7	2
2	8	7	4	6	9	3	1	5
1	6	3	2	7	5	9	8	4
4	9	1	3	8	2	7	5	6
6	5	2	7	1	4	8	9	3
3	7	8	5	9	6	2	4	1

page 255

8	2	9	6	7	1	4	5	3
3	7	4	9	8	5	1	6	2
5	6	1	4	3	2	8	9	7
7	4	5	2	9	6	3	1	8
2	9	8	7	1	3	6	4	5
1	3	6	5	4	8	2	7	9
9	5	2	8	6	4	7	3	1
4	1	7	3	2	9	5	8	6
6	8	3	1	5	7	9	2	4

page 256

4	8	3	7	2	5	1	6	9
6	2	1	3	8	9	7	4	5
7	9	5	1	4	6	3	2	8
3	1	9	4	5	7	6	8	2
8	7	2	6	9	1	5	3	4
5	6	4	2	3	8	9	7	1
1	4	8	5	6	3	2	9	7
9	5	6	8	7	2	4	1	3
2	3	7	9	1	4	8	5	6

page 257

4	7	9	5	3	6	2	8	1
6	5	8	2	9	1	4	3	7
2	1	3	7	4	8	9	5	6
3	4	7	9	1	5	6	2	8
1	6	2	3	8	4	7	9	5
8	9	5	6	2	7	1	4	3
7	3	4	1	5	2	8	6	9
9	8	6	4	7	3	5	1	2
5	2	1	8	6	9	3	7	4

page 258

8	1	3	6	5	2	7	4	9
9	6	4	7	3	8	5	1	2
2	5	7	1	9	4	3	6	8
4	3	6	2	7	1	8	9	5
5	8	9	4	6	3	1	2	7
1	7	2	5	8	9	4	3	6
3	9	1	8	2	5	6	7	4
6	4	5	9	1	7	2	8	3
7	2	8	3	4	6	9	5	1

page 259

3	5	9	8	2	4	7	1	6
8	4	6	7	9	1	5	3	2
1	7	2	3	6	5	8	9	4
2	1	7	9	4	3	6	5	8
6	9	5	1	8	7	4	2	3
4	3	8	2	5	6	1	7	9
5	8	3	6	1	9	2	4	7
7	6	1	4	3	2	9	8	5
9	2	4	5	7	8	3	6	1

page 260

3	4	9	7	6	1	5	8	2
8	5	7	4	2	3	1	6	9
6	2	1	9	5	8	7	4	3
4	7	8	5	3	9	6	2	1
5	9	2	6	1	7	4	3	8
1	3	6	8	4	2	9	5	7
2	6	3	1	7	4	8	9	5
7	8	4	2	9	5	3	1	6
9	1	5	3	8	6	2	7	4

page 261

7	1	4	8	5	3	9	6	2
8	9	6	2	1	7	4	3	5
5	3	2	6	4	9	1	8	7
6	4	5	9	3	2	7	1	8
2	7	3	5	8	1	6	4	9
9	8	1	4	7	6	2	5	3
3	6	7	1	9	8	5	2	4
1	5	9	3	2	4	8	7	6
4	2	8	7	6	5	3	9	1

page 262

1	2	4	5	3	6	8	9	7
5	8	3	9	4	7	2	1	6
7	6	9	8	1	2	4	5	3
3	5	2	6	7	1	9	4	8
4	9	8	3	2	5	6	7	1
6	1	7	4	8	9	3	2	5
8	7	5	2	6	4	1	3	9
2	3	1	7	9	8	5	6	4
9	4	6	1	5	3	7	8	2

page 263

6	8	3	9	7	5	1	4	2
9	7	2	3	1	4	5	8	6
5	4	1	8	2	6	9	7	3
7	5	8	2	6	1	3	9	4
1	3	4	5	9	7	2	6	8
2	9	6	4	3	8	7	5	1
3	2	5	6	8	9	4	1	7
4	6	7	1	5	3	8	2	9
8	1	9	7	4	2	6	3	5

page 264

7	9	8	5	4	6	2	3	1
3	5	1	9	2	8	4	6	7
6	4	2	3	7	1	8	5	9
1	7	5	6	9	4	3	8	2
9	2	6	8	1	3	7	4	5
4	8	3	7	5	2	9	1	6
5	6	4	2	3	7	1	9	8
8	1	7	4	6	9	5	2	3
2	3	9	1	8	5	6	7	4

page 265

3	2	9	4	7	1	8	6	5
5	4	6	9	8	3	2	1	7
8	7	1	6	5	2	9	3	4
2	5	8	3	6	7	1	4	9
1	9	7	8	2	4	6	5	3
6	3	4	1	9	5	7	8	2
7	1	3	2	4	8	5	9	6
9	8	2	5	3	6	4	7	1
4	6	5	7	1	9	3	2	8

page 266

6	1	3	8	7	2	4	5	9
9	7	4	5	1	3	8	6	2
2	5	8	4	6	9	7	1	3
4	9	6	1	3	5	2	7	8
8	2	7	9	4	6	5	3	1
1	3	5	2	8	7	9	4	6
5	4	1	6	9	8	3	2	7
7	6	9	3	2	4	1	8	5
3	8	2	7	5	1	6	9	4

page 267

8	1	9	4	5	7	6	3	2
2	4	3	6	1	8	9	5	7
5	7	6	9	3	2	1	4	8
6	2	7	3	9	1	4	8	5
1	5	4	8	7	6	3	2	9
9	3	8	2	4	5	7	6	1
4	9	5	7	8	3	2	1	6
7	6	1	5	2	4	8	9	3
3	8	2	1	6	9	5	7	4

page 268

2	8	5	1	9	3	6	7	4
1	7	4	2	8	6	3	9	5
3	9	6	5	7	4	2	1	8
7	5	3	9	4	8	1	6	2
4	2	9	6	5	1	8	3	7
6	1	8	7	3	2	4	5	9
8	4	7	3	1	9	5	2	6
5	6	1	8	2	7	9	4	3
9	3	2	4	6	5	7	8	1

page 269

8	6	9	7	3	4	2	5	1
5	1	4	2	8	9	3	7	6
2	7	3	6	5	1	8	9	4
6	9	7	8	1	5	4	3	2
3	5	1	4	2	7	6	8	9
4	8	2	3	9	6	7	1	5
7	2	5	1	6	3	9	4	8
9	4	6	5	7	8	1	2	3
1	3	8	9	4	2	5	6	7

page 270

4	7	5	2	1	3	9	8	6
8	6	1	9	4	7	5	2	3
3	2	9	6	8	5	7	1	4
2	1	3	7	5	8	4	6	9
9	4	7	3	2	6	8	5	1
5	8	6	1	9	4	3	7	2
1	3	2	5	7	9	6	4	8
6	5	8	4	3	1	2	9	7
7	9	4	8	6	2	1	3	5

page 271

4	7	5	3	8	2	9	6	1
9	1	2	7	6	5	3	8	4
6	8	3	4	9	1	5	7	2
5	2	6	8	1	3	4	9	7
8	4	7	6	5	9	1	2	3
3	9	1	2	4	7	6	5	8
1	5	4	9	2	8	7	3	6
7	6	8	5	3	4	2	1	9
2	3	9	1	7	6	8	4	5

page 272

4	3	9	1	5	6	8	2	7
1	2	8	3	7	4	9	5	6
5	7	6	8	2	9	4	1	3
3	4	1	6	9	8	5	7	2
9	5	7	2	4	3	6	8	1
8	6	2	5	1	7	3	4	9
2	1	3	4	6	5	7	9	8
7	8	4	9	3	2	1	6	5
6	9	5	7	8	1	2	3	4

page 273

2	9	3	7	6	1	4	5	8
7	8	4	2	5	3	6	9	1
5	6	1	9	8	4	7	2	3
1	4	5	3	7	8	2	6	9
3	2	9	6	1	5	8	7	4
6	7	8	4	9	2	3	1	5
8	3	6	1	2	9	5	4	7
9	5	7	8	4	6	1	3	2
4	1	2	5	3	7	9	8	6

page 274

4	5	2	6	9	8	7	3	1
8	7	3	4	1	5	9	6	2
9	1	6	3	2	7	5	8	4
1	3	8	5	6	4	2	9	7
2	4	9	8	7	1	6	5	3
7	6	5	9	3	2	4	1	8
3	2	1	7	5	9	8	4	6
5	8	7	1	4	6	3	2	9
6	9	4	2	8	3	1	7	5

page 275

3	8	2	4	1	6	7	5	9
6	7	1	5	9	2	8	3	4
4	5	9	8	7	3	1	2	6
1	9	8	6	2	5	4	7	3
2	4	5	7	3	1	9	6	8
7	3	6	9	4	8	2	1	5
8	6	4	2	5	7	3	9	1
5	2	3	1	8	9	6	4	7
9	1	7	3	6	4	5	8	2

page 276

1	5	2	3	4	7	9	8	6
3	8	6	9	2	1	4	7	5
7	4	9	6	8	5	1	2	3
2	6	7	4	5	3	8	1	9
8	1	4	2	9	6	5	3	7
9	3	5	1	7	8	6	4	2
4	9	8	7	6	2	3	5	1
5	7	3	8	1	9	2	6	4
6	2	1	5	3	4	7	9	8

page 277

9	8	7	5	1	6	3	2	4
3	2	4	8	7	9	5	6	1
1	5	6	2	4	3	7	8	9
8	1	5	4	6	7	9	3	2
7	4	2	3	9	5	6	1	8
6	9	3	1	2	8	4	5	7
5	3	9	7	8	2	1	4	6
2	6	1	9	3	4	8	7	5
4	7	8	6	5	1	2	9	3

page 278

5	1	4	8	7	2	3	9	6
9	7	6	4	3	5	8	1	2
8	3	2	1	9	6	7	5	4
4	6	3	5	1	7	2	8	9
2	8	1	3	4	9	6	7	5
7	5	9	6	2	8	1	4	3
3	4	8	2	5	1	9	6	7
1	9	5	7	6	3	4	2	8
6	2	7	9	8	4	5	3	1

page 279

9	8	6	5	4	2	3	7	1
1	2	7	3	6	8	5	9	4
3	5	4	9	1	7	2	6	8
5	7	1	8	3	4	9	2	6
6	4	9	1	2	5	8	3	7
2	3	8	7	9	6	4	1	5
4	9	2	6	5	1	7	8	3
7	1	3	4	8	9	6	5	2
8	6	5	2	7	3	1	4	9

page 280

9	1	5	8	6	2	4	3	7
6	7	2	9	4	3	5	1	8
4	8	3	5	7	1	6	2	9
1	3	6	2	5	9	7	8	4
8	5	4	3	1	7	2	9	6
2	9	7	6	8	4	3	5	1
7	4	8	1	3	5	9	6	2
5	2	1	7	9	6	8	4	3
3	6	9	4	2	8	1	7	5

page 281

1	8	5	6	3	9	2	4	7
7	2	4	1	5	8	9	6	3
9	3	6	7	2	4	1	5	8
3	1	8	2	6	7	5	9	4
5	6	9	3	4	1	8	7	2
2	4	7	9	8	5	6	3	1
6	5	2	4	1	3	7	8	9
8	9	3	5	7	2	4	1	6
4	7	1	8	9	6	3	2	5

page 282

2	1	9	7	8	6	5	3	4
3	6	8	1	5	4	9	7	2
4	7	5	9	3	2	1	8	6
9	2	4	8	1	7	6	5	3
1	8	3	2	6	5	4	9	7
7	5	6	3	4	9	2	1	8
8	4	2	5	9	3	7	6	1
6	9	1	4	7	8	3	2	5
5	3	7	6	2	1	8	4	9

page 283

3	4	1	7	2	5	9	8	6
8	7	6	9	4	3	2	1	5
2	5	9	6	8	1	4	3	7
9	3	7	5	6	8	1	4	2
4	1	5	2	3	9	7	6	8
6	8	2	1	7	4	3	5	9
5	6	3	4	9	2	8	7	1
7	2	4	8	1	6	5	9	3
1	9	8	3	5	7	6	2	4

page 284

3	6	2	5	1	7	9	8	4
8	7	1	4	2	9	3	5	6
5	4	9	6	3	8	2	7	1
7	5	4	9	8	1	6	2	3
1	3	6	2	4	5	8	9	7
2	9	8	7	6	3	4	1	5
6	8	5	1	9	4	7	3	2
9	2	7	3	5	6	1	4	8
4	1	3	8	7	2	5	6	9

page 285

9	1	3	4	7	8	5	6	2
7	6	2	5	3	1	8	4	9
4	5	8	6	9	2	1	3	7
1	9	5	7	2	6	4	8	3
3	8	7	1	4	9	2	5	6
6	2	4	8	5	3	9	7	1
2	3	6	9	8	5	7	1	4
5	7	1	2	6	4	3	9	8
8	4	9	3	1	7	6	2	5

page 286

2	1	7	8	5	4	3	6	9
9	5	3	2	6	1	4	8	7
8	6	4	3	9	7	2	1	5
3	9	6	1	7	5	8	2	4
5	8	2	4	3	9	1	7	6
4	7	1	6	2	8	9	5	3
6	2	8	7	4	3	5	9	1
7	3	9	5	1	2	6	4	8
1	4	5	9	8	6	7	3	2

page 287

9	4	3	7	8	5	2	1	6
8	1	6	2	9	4	5	7	3
5	7	2	3	6	1	9	4	8
7	9	5	4	2	8	6	3	1
6	3	8	5	1	9	7	2	4
1	2	4	6	7	3	8	9	5
2	5	1	9	4	6	3	8	7
3	8	9	1	5	7	4	6	2
4	6	7	8	3	2	1	5	9

page 288

1	2	6	7	3	4	9	5	8
5	7	9	2	6	8	3	4	1
8	4	3	9	5	1	7	6	2
3	1	4	8	9	6	2	7	5
7	9	2	1	4	5	6	8	3
6	8	5	3	7	2	1	9	4
4	3	7	5	1	9	8	2	6
2	5	1	6	8	7	4	3	9
9	6	8	4	2	3	5	1	7

page 289

6	7	2	1	4	5	8	3	9
4	3	8	6	2	9	5	1	7
1	5	9	7	8	3	2	4	6
9	8	4	5	3	1	6	7	2
5	6	7	2	9	4	1	8	3
2	1	3	8	7	6	9	5	4
3	4	5	9	1	2	7	6	8
7	9	6	4	5	8	3	2	1
8	2	1	3	6	7	4	9	5

page 290

7	6	8	2	3	5	9	1	4
1	3	9	4	6	8	5	2	7
2	4	5	1	9	7	3	6	8
6	7	2	8	5	3	4	9	1
3	5	1	9	7	4	2	8	6
8	9	4	6	2	1	7	3	5
4	8	7	3	1	2	6	5	9
5	2	6	7	8	9	1	4	3
9	1	3	5	4	6	8	7	2

page 291

3	5	8	7	6	4	2	1	9
4	9	1	5	8	2	3	7	6
7	6	2	1	9	3	4	8	5
1	8	5	6	4	7	9	3	2
2	7	9	3	1	5	8	6	4
6	4	3	8	2	9	1	5	7
5	2	7	9	3	1	6	4	8
9	1	6	4	7	8	5	2	3
8	3	4	2	5	6	7	9	1

page 292

4	2	9	7	1	8	6	3	5
7	6	5	2	9	3	4	8	1
1	3	8	5	4	6	7	9	2
8	4	2	3	6	9	5	1	7
6	5	1	8	2	7	9	4	3
9	7	3	4	5	1	2	6	8
3	8	4	6	7	5	1	2	9
2	1	7	9	8	4	3	5	6
5	9	6	1	3	2	8	7	4

page 293

7	3	6	2	4	1	8	9	5
9	4	8	5	6	3	1	2	7
2	1	5	9	7	8	6	3	4
6	7	4	8	5	2	3	1	9
8	9	2	1	3	4	7	5	6
1	5	3	7	9	6	4	8	2
4	6	1	3	2	5	9	7	8
5	8	7	4	1	9	2	6	3
3	2	9	6	8	7	5	4	1

page 294

8	9	3	6	4	5	1	2	7
5	1	7	8	3	2	6	4	9
6	2	4	1	7	9	8	5	3
9	3	2	4	5	8	7	1	6
1	5	6	2	9	7	3	8	4
7	4	8	3	6	1	2	9	5
3	6	1	5	2	4	9	7	8
4	8	9	7	1	6	5	3	2
2	7	5	9	8	3	4	6	1

page 295

6	2	3	9	4	1	8	7	5
5	1	8	3	2	7	9	4	6
4	9	7	8	5	6	1	3	2
1	3	5	2	7	8	4	6	9
8	4	2	6	9	5	3	1	7
9	7	6	1	3	4	5	2	8
2	8	4	7	1	9	6	5	3
3	6	1	5	8	2	7	9	4
7	5	9	4	6	3	2	8	1

page 296

1	3	8	2	7	9	5	4	6
7	5	6	3	4	8	2	9	1
2	4	9	6	1	5	8	7	3
9	7	3	8	5	4	6	1	2
4	2	1	7	3	6	9	5	8
8	6	5	1	9	2	4	3	7
3	8	4	5	2	1	7	6	9
6	9	7	4	8	3	1	2	5
5	1	2	9	6	7	3	8	4

page 297

8	4	6	5	2	3	7	1	9
9	1	2	7	6	8	4	5	3
7	3	5	4	9	1	2	8	6
6	2	8	9	1	4	3	7	5
4	7	1	3	5	6	9	2	8
3	5	9	2	8	7	1	6	4
5	9	7	6	4	2	8	3	1
2	8	4	1	3	5	6	9	7
1	6	3	8	7	9	5	4	2

page 298

2	6	9	1	8	7	5	4	3
4	1	5	3	6	9	7	2	8
7	3	8	4	2	5	6	9	1
6	7	4	9	5	1	3	8	2
1	8	2	6	4	3	9	7	5
9	5	3	8	7	2	1	6	4
5	9	6	2	3	4	8	1	7
8	2	7	5	1	6	4	3	9
3	4	1	7	9	8	2	5	6

page 299

2	8	7	4	5	1	3	9	6
4	3	9	6	7	8	2	1	5
6	5	1	9	2	3	8	7	4
7	1	5	2	6	9	4	3	8
8	4	6	1	3	7	5	2	9
9	2	3	8	4	5	7	6	1
1	9	4	7	8	2	6	5	3
5	6	2	3	9	4	1	8	7
3	7	8	5	1	6	9	4	2

page 300

6	5	1	8	9	3	4	7	2
2	4	7	6	1	5	8	3	9
9	3	8	2	7	4	5	1	6
8	6	9	3	4	7	1	2	5
4	2	5	1	8	9	3	6	7
7	1	3	5	2	6	9	8	4
1	9	4	7	3	2	6	5	8
5	8	2	9	6	1	7	4	3
3	7	6	4	5	8	2	9	1

page 301

2	3	9	1	7	4	8	6	5
8	4	5	6	3	2	9	1	7
1	6	7	8	5	9	2	3	4
7	9	2	5	4	6	1	8	3
4	1	8	2	9	3	7	5	6
6	5	3	7	8	1	4	2	9
9	2	6	3	1	7	5	4	8
3	8	4	9	2	5	6	7	1
5	7	1	4	6	8	3	9	2

page 302

8	7	3	6	2	5	4	1	9
4	5	1	9	8	3	7	2	6
9	6	2	7	4	1	8	5	3
3	1	6	2	5	7	9	4	8
2	8	4	3	6	9	5	7	1
7	9	5	4	1	8	3	6	2
1	4	9	8	7	2	6	3	5
6	2	8	5	3	4	1	9	7
5	3	7	1	9	6	2	8	4

page 303

8	9	7	6	2	4	5	3	1
4	1	3	8	5	7	2	9	6
2	6	5	9	1	3	8	7	4
9	7	1	2	3	5	4	6	8
5	8	6	1	4	9	3	2	7
3	2	4	7	6	8	9	1	5
1	5	2	4	9	6	7	8	3
6	3	8	5	7	2	1	4	9
7	4	9	3	8	1	6	5	2

page 304

5	7	3	2	8	6	4	9	1
4	9	1	5	3	7	6	2	8
6	8	2	9	4	1	7	5	3
2	3	8	6	5	9	1	4	7
7	4	5	3	1	2	8	6	9
9	1	6	4	7	8	5	3	2
3	6	7	1	9	5	2	8	4
8	2	9	7	6	4	3	1	5
1	5	4	8	2	3	9	7	6

page 305

9	2	3	5	6	1	4	8	7
5	7	4	9	3	8	2	1	6
6	1	8	2	7	4	3	9	5
7	3	9	4	1	6	8	5	2
2	4	5	7	8	9	1	6	3
8	6	1	3	5	2	9	7	4
3	9	6	8	4	7	5	2	1
1	5	2	6	9	3	7	4	8
4	8	7	1	2	5	6	3	9

page 306

4	1	8	5	3	6	9	7	2
7	2	9	4	1	8	6	3	5
6	5	3	7	9	2	8	1	4
1	8	7	2	5	3	4	6	9
3	4	6	9	8	1	2	5	7
5	9	2	6	7	4	3	8	1
8	6	4	1	2	5	7	9	3
9	3	5	8	4	7	1	2	6
2	7	1	3	6	9	5	4	8

page 307

2	7	4	1	5	9	6	8	3
8	6	3	4	7	2	1	9	5
5	9	1	3	8	6	7	2	4
1	2	5	9	4	7	3	6	8
3	8	9	6	2	5	4	7	1
7	4	6	8	1	3	9	5	2
4	1	7	2	9	8	5	3	6
6	5	8	7	3	4	2	1	9
9	3	2	5	6	1	8	4	7

page 308

4	1	6	3	9	8	7	2	5
9	2	5	7	4	1	3	6	8
7	8	3	2	5	6	9	4	1
1	7	9	6	8	4	5	3	2
2	3	4	5	7	9	1	8	6
6	5	8	1	3	2	4	7	9
5	6	2	4	1	3	8	9	7
8	4	7	9	6	5	2	1	3
3	9	1	8	2	7	6	5	4

page 309

1	3	9	2	6	4	5	8	7
6	7	5	9	3	8	4	1	2
2	4	8	5	1	7	3	9	6
3	6	7	8	4	1	9	2	5
5	2	1	3	9	6	7	4	8
9	8	4	7	5	2	6	3	1
8	5	6	4	2	3	1	7	9
4	1	2	6	7	9	8	5	3
7	9	3	1	8	5	2	6	4

page 310

9	1	6	7	3	5	8	4	2
4	8	5	1	6	2	9	7	3
7	3	2	8	9	4	5	1	6
8	2	9	4	1	6	3	5	7
3	7	4	9	5	8	2	6	1
6	5	1	2	7	3	4	8	9
1	4	8	3	2	7	6	9	5
2	6	7	5	4	9	1	3	8
5	9	3	6	8	1	7	2	4

page 311

6	5	3	9	7	1	4	2	8
8	2	9	4	5	3	6	1	7
1	7	4	2	8	6	9	5	3
3	8	6	5	1	9	2	7	4
4	9	5	3	2	7	1	8	6
7	1	2	6	4	8	3	9	5
2	6	1	7	3	5	8	4	9
5	3	8	1	9	4	7	6	2
9	4	7	8	6	2	5	3	1

page 312

7	5	9	8	4	2	1	6	3
3	6	1	5	9	7	4	8	2
4	2	8	3	1	6	7	5	9
1	7	3	2	5	9	8	4	6
9	4	2	7	6	8	3	1	5
6	8	5	1	3	4	2	9	7
8	3	6	4	2	5	9	7	1
5	1	7	9	8	3	6	2	4
2	9	4	6	7	1	5	3	8

page 313

2	1	7	9	5	3	6	4	8
8	6	4	1	2	7	5	9	3
9	5	3	6	4	8	2	7	1
6	3	9	5	1	2	4	8	7
7	2	5	8	3	4	9	1	6
4	8	1	7	9	6	3	5	2
5	9	2	3	7	1	8	6	4
1	4	6	2	8	9	7	3	5
3	7	8	4	6	5	1	2	9

page 314

2	7	3	4	6	8	1	5	9
5	4	1	3	9	7	6	8	2
6	8	9	1	2	5	7	3	4
9	2	8	7	1	3	5	4	6
7	6	4	8	5	9	3	2	1
1	3	5	2	4	6	9	7	8
8	9	6	5	3	4	2	1	7
3	1	7	6	8	2	4	9	5
4	5	2	9	7	1	8	6	3

page 315

8	6	9	4	1	3	5	7	2
5	2	3	8	7	9	6	1	4
1	4	7	2	6	5	8	9	3
4	3	2	6	5	1	7	8	9
7	8	1	9	2	4	3	6	5
6	9	5	3	8	7	4	2	1
2	1	4	7	3	6	9	5	8
9	5	6	1	4	8	2	3	7
3	7	8	5	9	2	1	4	6

page 316

7	3	6	8	5	2	1	9	4
1	4	9	3	7	6	2	5	8
8	2	5	9	4	1	3	6	7
6	9	2	5	8	4	7	3	1
4	8	7	1	9	3	5	2	6
3	5	1	2	6	7	8	4	9
5	1	8	4	2	9	6	7	3
2	7	4	6	3	8	9	1	5
9	6	3	7	1	5	4	8	2

page 317

9	1	6	8	2	7	5	4	3
5	3	8	4	6	1	9	2	7
7	2	4	3	5	9	1	6	8
6	9	3	5	4	2	8	7	1
2	4	7	1	3	8	6	9	5
1	8	5	7	9	6	4	3	2
3	6	2	9	8	5	7	1	4
8	7	9	2	1	4	3	5	6
4	5	1	6	7	3	2	8	9

page 318

2	8	1	9	6	4	7	5	3
7	3	6	5	1	2	8	9	4
4	9	5	3	8	7	1	6	2
6	1	9	7	3	8	4	2	5
5	2	4	1	9	6	3	8	7
3	7	8	4	2	5	6	1	9
9	6	2	8	4	3	5	7	1
1	4	7	6	5	9	2	3	8
8	5	3	2	7	1	9	4	6

page 319

1	6	9	5	8	2	7	3	4
4	8	7	1	9	3	5	6	2
5	3	2	7	6	4	8	1	9
6	7	8	4	5	9	3	2	1
2	4	3	6	1	7	9	5	8
9	1	5	3	2	8	4	7	6
3	2	4	8	7	1	6	9	5
7	9	6	2	4	5	1	8	3
8	5	1	9	3	6	2	4	7

page 320

2	9	8	1	4	7	6	5	3
1	7	3	6	9	5	8	4	2
4	6	5	8	2	3	9	7	1
5	4	2	9	7	8	3	1	6
3	8	9	4	6	1	5	2	7
7	1	6	5	3	2	4	8	9
6	2	7	3	5	4	1	9	8
8	3	4	2	1	9	7	6	5
9	5	1	7	8	6	2	3	4

page 321

6	5	9	7	3	1	4	8	2
7	2	3	6	8	4	5	9	1
1	8	4	2	9	5	6	3	7
2	4	1	8	6	7	9	5	3
3	7	8	5	2	9	1	6	4
5	9	6	4	1	3	7	2	8
4	6	2	1	5	8	3	7	9
8	3	7	9	4	6	2	1	5
9	1	5	3	7	2	8	4	6

page 322

9	1	4	8	7	3	2	5	6
2	8	3	5	6	4	1	9	7
5	6	7	1	2	9	3	4	8
4	5	8	9	1	2	6	7	3
7	3	1	6	5	8	9	2	4
6	9	2	4	3	7	5	8	1
8	4	6	2	9	1	7	3	5
1	7	9	3	4	5	8	6	2
3	2	5	7	8	6	4	1	9

page 323

8	1	6	9	7	2	3	4	5
3	5	4	6	1	8	2	9	7
9	2	7	4	5	3	8	6	1
2	3	8	1	4	5	6	7	9
5	6	9	8	3	7	1	2	4
4	7	1	2	6	9	5	8	3
7	8	3	5	9	6	4	1	2
1	9	2	3	8	4	7	5	6
6	4	5	7	2	1	9	3	8

page 324

3	9	5	6	4	7	2	8	1
1	6	7	2	8	3	9	4	5
8	4	2	9	5	1	7	3	6
4	2	3	8	9	5	1	6	7
6	1	9	4	7	2	3	5	8
5	7	8	3	1	6	4	2	9
7	8	6	1	2	4	5	9	3
9	5	4	7	3	8	6	1	2
2	3	1	5	6	9	8	7	4

page 325

1	9	3	4	8	6	5	7	2
2	7	5	9	1	3	8	6	4
8	4	6	5	2	7	3	9	1
6	3	8	2	5	9	4	1	7
5	1	7	8	6	4	2	3	9
9	2	4	7	3	1	6	8	5
4	6	1	3	9	2	7	5	8
3	8	2	1	7	5	9	4	6
7	5	9	6	4	8	1	2	3

page 326

1	9	5	3	8	4	7	6	2
7	6	8	5	2	1	9	3	4
2	3	4	6	7	9	8	5	1
3	5	6	9	4	2	1	7	8
9	1	7	8	6	3	4	2	5
4	8	2	1	5	7	6	9	3
8	4	3	7	9	5	2	1	6
6	7	1	2	3	8	5	4	9
5	2	9	4	1	6	3	8	7

page 327

9	4	8	5	3	1	6	7	2
6	5	7	2	8	4	9	1	3
2	3	1	9	6	7	5	8	4
5	8	6	1	9	3	2	4	7
1	7	2	8	4	6	3	5	9
3	9	4	7	5	2	1	6	8
7	2	9	4	1	5	8	3	6
8	6	5	3	7	9	4	2	1
4	1	3	6	2	8	7	9	5

page 328

9	8	4	6	5	2	3	7	1
7	6	3	9	8	1	2	5	4
1	2	5	3	4	7	9	6	8
3	5	6	8	1	9	7	4	2
2	4	1	7	6	3	8	9	5
8	7	9	4	2	5	1	3	6
5	9	8	1	7	6	4	2	3
4	3	2	5	9	8	6	1	7
6	1	7	2	3	4	5	8	9

page 329

8	4	5	9	2	3	7	1	6
6	7	9	8	4	1	3	5	2
2	3	1	7	5	6	9	8	4
7	1	2	6	9	5	4	3	8
9	8	3	4	7	2	5	6	1
5	6	4	3	1	8	2	7	9
4	5	7	1	6	9	8	2	3
3	2	6	5	8	4	1	9	7
1	9	8	2	3	7	6	4	5

page 330

6	7	4	8	9	1	2	3	5
5	2	8	7	6	3	9	4	1
3	9	1	4	2	5	8	7	6
9	1	6	5	7	4	3	8	2
4	8	2	3	1	9	5	6	7
7	5	3	6	8	2	1	9	4
8	6	5	1	3	7	4	2	9
2	4	7	9	5	8	6	1	3
1	3	9	2	4	6	7	5	8

page 331

3	7	6	1	5	2	8	9	4
8	5	4	9	6	3	2	1	7
9	1	2	7	8	4	6	3	5
6	8	7	2	9	5	1	4	3
4	9	3	8	1	6	7	5	2
5	2	1	4	3	7	9	8	6
7	3	8	6	4	1	5	2	9
2	4	9	5	7	8	3	6	1
1	6	5	3	2	9	4	7	8

page 332

8	7	6	5	2	4	9	1	3
4	1	2	9	3	7	5	6	8
3	5	9	6	1	8	4	2	7
9	8	5	3	6	2	7	4	1
2	4	7	8	9	1	6	3	5
6	3	1	7	4	5	8	9	2
7	6	3	1	5	9	2	8	4
1	2	8	4	7	6	3	5	9
5	9	4	2	8	3	1	7	6

page 333

4	2	7	8	3	5	6	9	1
1	6	5	2	4	9	8	3	7
9	8	3	7	6	1	5	4	2
8	4	9	3	2	6	1	7	5
3	7	2	1	5	8	4	6	9
5	1	6	9	7	4	2	8	3
7	5	4	6	1	3	9	2	8
6	3	8	5	9	2	7	1	4
2	9	1	4	8	7	3	5	6

page 334

8	5	9	3	7	1	2	4	6
3	6	7	5	2	4	8	9	1
2	1	4	9	6	8	5	3	7
9	2	1	8	4	6	7	5	3
7	4	3	1	9	5	6	2	8
6	8	5	2	3	7	9	1	4
5	7	6	4	1	9	3	8	2
1	9	2	7	8	3	4	6	5
4	3	8	6	5	2	1	7	9

page 335

3	9	8	5	7	4	1	6	2
4	1	6	2	9	3	8	5	7
7	2	5	8	6	1	9	3	4
2	7	3	6	8	5	4	1	9
6	4	1	9	3	7	5	2	8
5	8	9	4	1	2	3	7	6
8	3	2	1	4	6	7	9	5
1	5	4	7	2	9	6	8	3
9	6	7	3	5	8	2	4	1

page 336

1	4	7	6	9	5	8	3	2
8	3	5	4	7	2	1	9	6
9	6	2	1	8	3	4	5	7
7	2	3	8	6	1	5	4	9
4	8	6	2	5	9	7	1	3
5	1	9	3	4	7	6	2	8
2	9	8	7	1	4	3	6	5
3	7	1	5	2	6	9	8	4
6	5	4	9	3	8	2	7	1

page 337

4	7	9	6	3	5	2	8	1
5	2	8	1	4	9	3	7	6
6	1	3	2	8	7	9	5	4
7	3	2	8	6	4	1	9	5
1	9	5	7	2	3	6	4	8
8	6	4	9	5	1	7	3	2
9	8	1	4	7	6	5	2	3
2	5	7	3	1	8	4	6	9
3	4	6	5	9	2	8	1	7

page 338

8	6	5	7	3	1	2	4	9
2	7	4	5	8	9	6	3	1
9	3	1	6	2	4	7	5	8
4	1	8	2	9	5	3	7	6
7	2	6	8	1	3	4	9	5
5	9	3	4	7	6	1	8	2
3	8	2	9	6	7	5	1	4
1	4	9	3	5	2	8	6	7
6	5	7	1	4	8	9	2	3

page 339

3	8	1	7	2	9	6	5	4
2	4	6	8	5	1	9	7	3
5	7	9	6	4	3	2	1	8
9	3	7	1	6	4	8	2	5
4	2	8	5	3	7	1	9	6
6	1	5	9	8	2	4	3	7
7	5	2	4	9	8	3	6	1
1	9	4	3	7	6	5	8	2
8	6	3	2	1	5	7	4	9

page 340

2	1	3	7	4	9	6	8	5
7	5	8	2	1	6	3	4	9
6	9	4	8	3	5	7	1	2
3	8	1	9	2	7	5	6	4
5	4	7	6	8	1	9	2	3
9	2	6	3	5	4	8	7	1
4	6	9	1	7	3	2	5	8
1	3	2	5	6	8	4	9	7
8	7	5	4	9	2	1	3	6

page 341

9	4	6	1	7	2	3	8	5
3	5	2	8	6	4	9	1	7
1	8	7	5	3	9	6	2	4
4	6	9	2	1	3	7	5	8
2	1	5	7	8	6	4	3	9
7	3	8	9	4	5	1	6	2
5	2	1	6	9	7	8	4	3
6	9	4	3	2	8	5	7	1
8	7	3	4	5	1	2	9	6

page 342

3	7	9	6	5	1	2	4	8
6	1	8	4	3	2	5	9	7
5	2	4	7	9	8	6	1	3
8	4	7	9	6	3	1	5	2
9	6	5	2	1	7	3	8	4
1	3	2	5	8	4	7	6	9
2	9	6	8	7	5	4	3	1
7	5	1	3	4	9	8	2	6
4	8	3	1	2	6	9	7	5

page 343

1	2	7	5	3	8	6	4	9
6	9	4	2	7	1	3	5	8
8	3	5	4	6	9	2	1	7
4	7	8	6	9	3	5	2	1
9	1	2	8	5	4	7	3	6
5	6	3	1	2	7	8	9	4
3	4	1	7	8	2	9	6	5
7	5	9	3	1	6	4	8	2
2	8	6	9	4	5	1	7	3

page 344

6	3	1	7	8	2	4	9	5
5	4	9	1	6	3	8	2	7
2	7	8	5	4	9	6	1	3
3	1	7	8	9	4	5	6	2
9	6	2	3	5	7	1	8	4
8	5	4	6	2	1	7	3	9
7	9	5	2	1	8	3	4	6
4	8	3	9	7	6	2	5	1
1	2	6	4	3	5	9	7	8

page 345

4	3	1	5	7	2	6	9	8
9	6	2	1	8	3	5	4	7
5	7	8	4	9	6	3	1	2
1	5	3	2	4	7	8	6	9
8	4	6	3	5	9	7	2	1
7	2	9	8	6	1	4	5	3
6	8	7	9	1	5	2	3	4
3	9	5	7	2	4	1	8	6
2	1	4	6	3	8	9	7	5

page 346

6	9	3	7	5	4	1	8	2
2	5	8	6	9	1	4	7	3
7	4	1	3	8	2	9	5	6
9	2	5	1	7	6	3	4	8
1	3	7	8	4	9	6	2	5
4	8	6	2	3	5	7	1	9
8	7	9	4	2	3	5	6	1
5	6	2	9	1	7	8	3	4
3	1	4	5	6	8	2	9	7

page 347

2	7	1	3	6	9	8	4	5
8	5	6	7	4	1	2	9	3
9	3	4	2	8	5	7	6	1
7	9	2	1	3	6	5	8	4
3	1	8	9	5	4	6	7	2
4	6	5	8	2	7	1	3	9
1	4	9	5	7	8	3	2	6
5	8	3	6	9	2	4	1	7
6	2	7	4	1	3	9	5	8

page 348

6	8	4	1	9	5	7	2	3
2	9	5	8	7	3	6	4	1
7	3	1	2	4	6	5	9	8
9	6	2	7	8	4	3	1	5
5	1	7	3	6	9	4	8	2
8	4	3	5	2	1	9	7	6
3	5	8	4	1	7	2	6	9
4	2	9	6	3	8	1	5	7
1	7	6	9	5	2	8	3	4

page 349

8	3	2	5	4	9	1	6	7
5	1	6	7	2	3	9	8	4
9	7	4	1	8	6	3	5	2
2	5	7	9	6	8	4	3	1
6	4	3	2	1	7	8	9	5
1	9	8	4	3	5	7	2	6
3	8	1	6	5	4	2	7	9
7	2	5	8	9	1	6	4	3
4	6	9	3	7	2	5	1	8

page 350

5	7	2	9	6	3	1	4	8
1	8	4	7	5	2	3	9	6
9	3	6	4	1	8	5	2	7
7	1	8	5	2	9	4	6	3
4	9	3	8	7	6	2	5	1
2	6	5	3	4	1	8	7	9
6	4	7	1	8	5	9	3	2
8	5	9	2	3	7	6	1	4
3	2	1	6	9	4	7	8	5

page 351

1	7	5	8	2	6	3	4	9
6	9	4	3	1	5	7	2	8
8	3	2	7	4	9	6	1	5
5	2	8	6	3	7	4	9	1
9	1	3	2	8	4	5	7	6
7	4	6	5	9	1	8	3	2
4	6	9	1	7	8	2	5	3
2	8	1	4	5	3	9	6	7
3	5	7	9	6	2	1	8	4

page 352

3	4	5	9	6	7	8	1	2
8	9	1	5	2	4	3	6	7
7	6	2	1	3	8	4	9	5
5	3	7	8	4	6	9	2	1
9	2	4	7	1	5	6	3	8
6	1	8	2	9	3	7	5	4
1	7	9	6	8	2	5	4	3
4	5	6	3	7	1	2	8	9
2	8	3	4	5	9	1	7	6

page 353

7	5	3	4	6	2	8	1	9
8	2	4	1	9	3	5	6	7
1	6	9	5	8	7	3	4	2
2	8	1	7	3	6	9	5	4
3	7	5	8	4	9	6	2	1
9	4	6	2	1	5	7	8	3
5	3	7	6	2	1	4	9	8
4	9	2	3	5	8	1	7	6
6	1	8	9	7	4	2	3	5

page 354

4	9	5	8	6	2	7	3	1
2	1	7	3	5	4	8	6	9
6	8	3	7	9	1	4	2	5
7	3	4	6	1	9	2	5	8
9	5	8	2	4	3	6	1	7
1	6	2	5	8	7	9	4	3
8	4	1	9	3	6	5	7	2
5	2	6	1	7	8	3	9	4
3	7	9	4	2	5	1	8	6

page 355

3	1	6	9	2	4	8	7	5
2	7	8	5	6	1	4	9	3
5	4	9	3	8	7	1	6	2
4	3	5	2	7	6	9	8	1
8	6	7	1	9	3	2	5	4
9	2	1	4	5	8	7	3	6
1	8	3	7	4	5	6	2	9
6	9	4	8	3	2	5	1	7
7	5	2	6	1	9	3	4	8

page 356

6	7	9	4	5	3	2	8	1
8	4	2	1	6	9	5	3	7
3	5	1	7	8	2	6	4	9
4	3	8	2	7	5	1	9	6
1	9	5	3	4	6	8	7	2
7	2	6	9	1	8	4	5	3
2	1	7	5	3	4	9	6	8
9	8	4	6	2	7	3	1	5
5	6	3	8	9	1	7	2	4

page 357

8	5	3	7	6	2	9	1	4
2	1	9	4	8	5	7	6	3
4	6	7	9	3	1	2	5	8
6	2	1	5	4	9	3	8	7
3	8	4	2	7	6	1	9	5
9	7	5	3	1	8	4	2	6
1	4	8	6	9	7	5	3	2
5	3	6	1	2	4	8	7	9
7	9	2	8	5	3	6	4	1

page 358

7	2	5	4	1	8	6	9	3
9	3	8	6	5	2	7	1	4
1	4	6	7	3	9	8	5	2
6	9	2	8	4	1	3	7	5
8	7	1	5	9	3	2	4	6
3	5	4	2	7	6	1	8	9
4	8	3	9	2	7	5	6	1
5	1	7	3	6	4	9	2	8
2	6	9	1	8	5	4	3	7

page 359

9	6	5	4	1	7	8	3	2
2	8	3	9	6	5	4	7	1
1	7	4	8	3	2	5	6	9
8	9	1	6	5	4	3	2	7
4	3	2	7	9	1	6	5	8
7	5	6	3	2	8	9	1	4
5	2	9	1	4	3	7	8	6
3	4	8	2	7	6	1	9	5
6	1	7	5	8	9	2	4	3

page 360

7	8	9	3	1	6	4	5	2
2	4	1	8	5	7	9	3	6
5	6	3	4	9	2	1	8	7
9	1	6	2	4	5	3	7	8
8	2	4	7	3	9	6	1	5
3	5	7	6	8	1	2	4	9
6	9	8	1	7	3	5	2	4
1	7	5	9	2	4	8	6	3
4	3	2	5	6	8	7	9	1

page 361

2	4	9	1	5	3	8	7	6
1	7	5	9	8	6	2	3	4
8	6	3	2	4	7	9	5	1
6	3	1	7	2	4	5	8	9
4	5	8	3	6	9	1	2	7
7	9	2	5	1	8	4	6	3
3	2	4	6	9	5	7	1	8
9	1	6	8	7	2	3	4	5
5	8	7	4	3	1	6	9	2

page 362

8	6	4	7	3	5	1	9	2
5	9	1	4	8	2	6	7	3
2	7	3	6	1	9	5	4	8
4	8	7	2	6	1	3	5	9
3	2	9	5	4	8	7	6	1
1	5	6	3	9	7	8	2	4
6	4	2	1	5	3	9	8	7
7	1	8	9	2	6	4	3	5
9	3	5	8	7	4	2	1	6

page 363

4	5	8	6	7	1	9	3	2
2	6	9	3	8	4	7	5	1
1	7	3	9	2	5	6	8	4
8	9	7	2	5	6	1	4	3
3	1	4	8	9	7	2	6	5
6	2	5	1	4	3	8	9	7
7	8	2	5	3	9	4	1	6
5	4	1	7	6	8	3	2	9
9	3	6	4	1	2	5	7	8

page 364

1	2	4	9	7	3	8	5	6
7	5	8	6	1	2	9	3	4
3	9	6	8	4	5	2	7	1
9	3	7	2	6	4	5	1	8
8	1	2	5	9	7	6	4	3
4	6	5	3	8	1	7	2	9
5	8	3	4	2	9	1	6	7
6	4	1	7	5	8	3	9	2
2	7	9	1	3	6	4	8	5

page 365

5	9	1	7	4	8	6	2	3
2	6	3	1	5	9	4	8	7
7	8	4	2	3	6	1	5	9
8	1	5	3	7	2	9	6	4
6	4	9	8	1	5	7	3	2
3	2	7	9	6	4	8	1	5
4	7	6	5	8	3	2	9	1
9	3	8	4	2	1	5	7	6
1	5	2	6	9	7	3	4	8

page 366

1	6	7	9	5	4	8	2	3
8	2	5	3	7	6	9	1	4
4	9	3	1	8	2	7	5	6
9	5	6	4	1	7	2	3	8
2	1	8	6	3	9	5	4	7
3	7	4	5	2	8	6	9	1
5	4	2	7	6	3	1	8	9
7	3	1	8	9	5	4	6	2
6	8	9	2	4	1	3	7	5

page 367

3	9	4	8	5	6	2	7	1
7	2	1	9	4	3	5	8	6
5	8	6	7	1	2	9	4	3
4	7	5	6	3	8	1	2	9
9	3	2	1	7	4	8	6	5
6	1	8	2	9	5	7	3	4
8	4	9	3	2	1	6	5	7
2	5	7	4	6	9	3	1	8
1	6	3	5	8	7	4	9	2

page 368

3	4	8	7	1	9	5	6	2
5	9	6	8	2	4	1	7	3
7	2	1	5	3	6	4	9	8
2	5	9	4	8	3	6	1	7
8	6	4	1	9	7	2	3	5
1	7	3	6	5	2	9	8	4
4	1	5	9	7	8	3	2	6
9	3	7	2	6	5	8	4	1
6	8	2	3	4	1	7	5	9

page 369

9	5	2	8	4	7	1	3	6
3	7	4	1	6	5	9	2	8
6	8	1	9	2	3	7	4	5
2	1	5	6	8	4	3	7	9
8	3	7	5	1	9	4	6	2
4	6	9	7	3	2	8	5	1
1	2	3	4	5	8	6	9	7
5	9	6	3	7	1	2	8	4
7	4	8	2	9	6	5	1	3